Vocabulário Básico do Serviço Social

Terminologia do Trabalho Social

Capa: A *Chave,* simboliza a ferramenta que permite a aquisição dos conceitos e termos técnicos fundamentais do Serviço Social.

Filipe de Freitas Leal

Vocabulário Básico do Serviço Social

Terminologia do Trabalho Social

3.ª Edição

2016

Título: Vocabulário Básico de Serviço Social
Copyright © 2016, Filipe de Freitas Leal

Este livro foi editado conforme as regras
do *Novo Acordo Ortográfico* de 1990.

Todos os direitos reservados
All rights reserved.

Edição, revisão, paginação e capa:
Filipe de Freitas Leal

Impressão e distribuição:
Amazon.com

1.ª Edição 2016
2.ª Edição 2017 (revista)
3.ª Edição 2018 (corrigida e ampliada)

ISBN-13: 978-1515013709
ISBN-10: 1515013707
BISAC: Reference / Dictionary / Social Work

COLEÇÃO de LIVROS

O BLOG HUMANISTA ● ● ●

Dedicatória

A todos os estudantes, assistentes sociais e professores que
fazem do Serviço Social uma causa pela justiça,
a igualdade e os direitos humanos.

Índice

Apresentação

A necessidade de escrever este pequeno vocabulário de termos técnicos da Intervenção Social, surgiu nos bancos da faculdade quando iniciei os meus estudos em Serviço Social no Instituto de Ciências Sociais e Políticas da Universidade de Lisboa no ano de 2010, pretendia assim, auxiliar não apenas os estudantes, mas também os estagiários, voluntários e todos os interessados que atuam ou queiram vir a atuar no Serviço Social, a conhecer a terminologia técnica e os conceitos fundamentais que orientam o trabalho na Intervenção Social, trata-se de um pequeno glossário que procura ir para além da terminologia sociológica e focar a Práxis do Serviço Social.

O presente vocabulário está dividido em duas partes, a primeira denomina-se de **Termos Técnicos e Conceitos**, contendo 279 entradas, da terminologia e conceitos, abordando as técnicas de intervenção; A segunda parte trata apenas de **Siglas** e o significado das mesmas.

Contudo trata-se de uma singela contribuição, espero pois que suscite o interesse de alguns estudantes e profissionais que queiram colaborar em melhorar e ampliar o presente trabalho que vos é dedicado.

Conceitos e Termos Técnicos

LETRA A

Abono de família – Apoio social em dinheiro, destinado a apoiar as famílias no cuidado e educação das Crianças e Jovens[1], pago mensalmente às famílias com filhos menores, sendo o valor do montante do apoio variável, tendo em conta a composição do agregado familiar e os rendimentos mensais do respetivo agregado. Têm direito a este abono todas as crianças em idade escolar e os jovens que não se encontrem a trabalhar e cujas famílias tenham baixos rendimentos salariais ou insuficiência de fontes de rendimento.

Abordagem – Técnica pela qual o assistente social contacta o utente a fim de obter informações fundamentais para poder dar inicio à intervenção social[2]. A visita domiciliar com vista a estudar em pormenor a realidade psicossocial e socioeconómica dos utentes e do respetivo agregado familiar é uma forma de abordagem, entende-se também por abordagem, o contacto por iniciativa do técnico a pessoas ou populações em risco ou vulnerabilidade social.

---

[1] Guia Prático – Abono de família para crianças e jovens (2015) Instituto de Segurança Social, I.P (ISS)
[2] Secretaria Municipal Adjunta de Assistência Social de Belo Horizonte. (2007) Dicionário de termos técnicos da assistência social. Belo Horizonte: ASCOM.

Abrigo – Equipamento social que procura apoiar pessoas em situações de emergência, em geral o abrigo destina-se a dar resposta à perda da habitação, quer provocada por fenómenos naturais, quer por outros motivos de ordem social, tem um tempo limite de permanência, mantendo a característica de provisório, permitindo assim ao individuo o tempo mínimo necessário para a sua reabilitação.

São também denominados de abrigos, as residências especiais para vítimas de violência doméstica, que ficam ao abrigo da justiça e a salvo dos seus agressores.

Abrangência – Corresponde à área geográfica em que se circunscreve um dado fenómeno social, bem como à dimensão da população a ser atendida pelos serviços de apoio social.

Ação social – É um conceito que tem diferentes sentidos, normalmente confunde-se com outros termos e conceitos, tais como intervenção social, solidariedade social e até com a *política social*. No entanto a ação social no sentido lato refere-se mormente à intervenção social que pode ocorrer em variadíssimos campos e variadíssimos âmbitos, podendo definir-se como sendo o conjunto de instrumentos e meios que visam a intervenção social pela prevenção, o acompanhamento e a reinserção social, obedecendo a procedimentos normativos e cumprindo com objetivos estipulados pelos organismos públicos e patente nas políticas sociais[3].

Podemos também aludir a Ação Social como um conjunto articulado de agentes, ou uma rede formada por equipamentos sociais quer públicos, quer privados, bem como de recursos humanos, materiais e financeiros, que através de métodos e técnicas específicas, sejam postas ao serviço da comunidade

---

[3] RODRIGUES, Fernanda (2003) Ação Social na área da exclusão social, Lisboa, Edições Universidade Aberta.

com vista a dar resposta às necessidades sociais, permitindo a inclusão das populações alvo e garantir a prevenção, o acompanhamento social e psicossocial de pessoas, famílias, grupos ou comunidades que apresentem algum grau de vulnerabilidade social.

Acessibilidade – Capacidade de oferecer e garantir aos cidadãos as respostas sociais de que necessitem, disponibilizando-as pela distribuição equitativa de bens, serviços bem como pela informação e divulgação de iniciativas sociais, através de diversos meios, tais como os informáticos, eliminando assim os obstáculos de ordem geográfica e física.

A acessibilidade relaciona-se também com os Direitos Humanos pela promoção da mobilidade das pessoas portadoras de deficiência, no sentido de permitir a sua inclusão social bem como a melhoria da qualidade de vida dessa população e garantir as condições adequadas, no que concerne à habitabilidade, socialização e inclusão pelo exercício de uma profissão, através de políticas sociais e mecanismos normativos que promovam a acessibilidade, a deslocação, tanto pela adequação de meios de transportes como pelos acessos a edifícios e locais públicos e privados, na divulgação de mecanismos de leitura em braile, bem como na linguagem gestual para pessoas com deficiência auditiva.

Acolhimento – Receção do utente que efetua o pedido de ajuda a um técnico ou quando é encaminhado por via interinstitucional, é propriamente dito o atendimento e ao mesmo tempo o ponto de partida do processo de intervenção[4], pelo que deve ser tido como de fulcral importância no processo de intervenção.

O acolhimento também está relacionado com a receção de utentes em contexto familiar ou institucional, quer se trate de

---

[4] ROBERTIS, Cristina de (2011) Metodologia da Intervenção em Trabalho Social, Coleção Educação e Trabalho Social, Porto, Porto Editora.

um orfanato, quer se trate de um lar de idosos ou ainda um "Lar de Acolhimento" para crianças e jovens. Neste sentido o acolhimento pode ser iniciado pela sinalização feita por outros técnicos sociais, familiares e vizinhos, ou determinação judicial a fim de proteger e auxiliar as pessoas ou famílias em risco

Acomodação – Para a Psicologia é o mecanismo de mudança psíquica de adaptação do individuo ao meio envolvente, aqui temos uma informação pertinente ao Serviço Social, no que se refere à acomodação do sistema cliente à problemática em que está inserido, quer no sentido psíquico, social, cultural, económico, entre outros, que o impedem de procurar uma solução para a situação, aqui temos algo que à primeira vista parece confundir-se com o conformismo, mas pode ser visto como uma incapacidade de ação e sensação de impotência tanto em compreender como em reagir sobre a própria problemática.

Acompanhamento – Método e procedimento que faz parte da atividade do técnico social no processo de intervenção, sendo também uma ferramenta pela qual é prestado ao utente um apoio continuado, no qual se obtêm as informações necessárias sobre a problemática envolvente, inicialmente apresentada pelo cliente ou do agregado familiar do mesmo, o acompanhamento direto visa entre outras finalidades, resolver o problema pelo afastamento dos riscos sociais, o ___empowerment___ do utente na resolução da problemática inicial, permitindo resultados plenos e evitando o ressurgimento dos problemas inicialmente apresentados.

Aculturação – Termo utilizado na antropologia cultural, para designar o processo de fusão entre o encontro de duas ou mais culturas, derivado dos processos iniciados com o colonialismo e posteriormente vincado nos processos migratórios, que geram uma dinâmica social de interação mutua, na qual as populações autóctones e migrantes recebem influencia umas das outras, fenómeno esse que é gradual e desenvolve-se no tempo através das sucessivas gerações, nas quais pode-se constatar a influencia em vários aspetos, tais como nos novos modos de falar, na gastronomia com a mistura de diferentes culinárias, na expressão artística e até na mudança dos valores e atitudes.

Adição – Também denominada de Dependência, a Adição é o termo que designa a situação de utilização sistemática e abusiva de substâncias como o álcool ou produtos psicotrópicos, comummente designa-se de alcoolismo a primeira e de toxicodependência a segunda. A adição varia em grau de periculosidade de acordo com o tipo de substância e no grau de dependência ou de utilização por parte dos hábitos de consumo do adito.

As causas da Adição podem ser de ordem psicológica, como resposta a frustrações, baixa autoestima, traumas de violência ou abuso na infância ou adolescência, mas também pode ter como causas a pré-disposição de problemas psíquicos, podendo ter também causas de ordem social e cultural, isto é, a influencia do meio sobre os hábitos de consumo e a conduta de um individuo.

A Toxicodependência é um grave problema de saúde pública, sabendo-se hoje que está na génese do aparecimento precoce de doenças do foro psicológico como a esquizofrenia, além de ser também uma das causas da morte precoce de jovens e adultos em idade ativa, causados por uso excessivo de drogas, bem como de criminalidade relacionada com o seu consumo, tanto de forma isolada como no crime organizado.

Adoção – Processo legal, pelo qual uma criança é adotada por um casal para que este entre para o seio de uma nova família, pela adoção a criança adotada fica com vínculos familiares definitivos, abrangido legalmente e de forma irrevogável pelos mesmos direitos e deveres tal como de um filho biológico.

Advocacy (Advogar) – Termo que designa precisamente, advogar, ou seja é o mesmo que tomar partido, defender a pessoa ou um grupo em vulnerabilidade, e tomar como uma causa a resolução dos problemas sociais apresentados pelo sistema cliente, equivale a lutar por valores, e fundamentalmente é como fazer Lobby por parte dos agentes interventores, entidades estatais ou do *terceiro setor* em prol dos **direitos humanos** de pessoas, famílias, grupos ou comunidades.

A Advocacy tem com princípio fundamental a capacitação da pessoa em situação de vulnerabilidade, o que faz muitas vezes que se usem ambos os termos, *advocacy* e *empowerment*, permitindo que o utente (cliente) seja também ele, um agente importante para a transformação das suas condições de vida, bem como da promoção da mudança social em prol da justiça social no meio da comunidade em que está inserido.

Agentes sociais – São todos os indivíduos, instituições, organismos, grupos e até comunidades que interagem na dinâmica social.

Quanto aos agentes específicos do **trabalho social**, são todos os indivíduos, grupos, organismos ou instituições, que atuam de forma voluntária ou não, com vista a se envolvem no processo de intervenção social, na busca de soluções de emergência e de transformações sociais.

Os agentes sociais podem ser de cariz Estatal ou privado, sendo o primeiro voltado para a **ação social** vinculada às políticas sociais, posta em prática pelos organismos públicos e os assistentes sociais, bem como pode ser oriunda do **terceiro setor** através de instituições privadas sem fins lucrativos e dos respetivos agentes de intervenção.

Agregado familiar – No trabalho social, entende-se por agregado familiar, ou simplesmente agregado, o conjunto de indivíduos que livremente ou por necessidade, vivem em economia comum, ou seja, vivem na mesma habitação e por consequência partilham entre si, o espaço e os recursos, independentemente dos laços que hajam ou não entre os mesmos.

De acordo com o que se denomina por novas famílias, cada vez mais, faz-se necessário divulgar as novas definições de família, bem como a **tipologia familiar** e dos respetivos tipos de agregados, tendo assim desde os agregados unipessoais, que são formados por um individuo que vive só, até às Famílias Alargadas na qual vivem mais de uma geração, como por exemplo os avós, os filhos e os netos, entre tantos outros tipos novos e clássicos de formas de união familiar e composição de agregados.

Ajuda – > Ver: *Apoio Social*

Alcoolismo – Dependência/adição de um individuo face ao consumo de bebidas alcoólicas, situação que engloba, tanto a nível da saúde física como psíquica, um vasto rol de consequências, que se fazem sentir na degradação da vida familiar e afetiva, no rompimento dos laços sociais e podendo ir na destruição da vida profissional, por este quadro podemos observar que o alcoolismo tanto quanto a droga é uma das causas de mortalidade dos seus aditos, sendo considerado pela medicina uma doença de difícil tratamento, havendo muitas reincidências.

As causas do alcoolismo são diversas, podem estar relacionadas com questões culturais, muito embora seja um fenómeno presente em todos os países, sabe-se que em alguns países o problema é endémico e mais acentuado nas classes baixas, todavia, na generalidade o alcoolismo atinge todas as classes sociais, faixas etárias e graus de instrução em ambos os sexos, sendo um fenómeno mais presente no sexo masculino.

Das diversas consequências do alcoolismo, para além das que foram citadas atrás, podemos referir que uma das mais visíveis, é sem duvida, a associação do alcoolismo com a violência doméstica, entre outros flagelos sociais, como o de potenciar comportamentos de risco e a delinquência em particular nas faixas etárias mais jovens.

Alienação – Abordamos aqui meramente os aspetos dos fenómenos sociais relativos à alienação, usando a imagem que nos foi dada por Karl Marx, que afirmava no Séc. XVIII em plena Revolução Industrial, que a Alienação é a incapacidade do trabalhador que produz a riqueza, ser senhor da sua vida, a Alienação é a assim a situação em que o operário que trabalha e produz torna-se estranho ao produto e à riqueza que ele mesmo produziu, assim sofre a dominação de um dado sistema social, económico e político e ao qual ou não tem consciência dos mecanismos de funcionamento que o aprisionam ou simplesmente tendo essa consciência, todavia, não consegue libertar-se dessa situação.

Transpondo para o Serviço Social, podemos afirmar que a alienação pode ser hoje ilustrada também pelas atitudes que os indivíduos têm ao longo da sua vida face ao seu papel social, alienação é noutro sentido o afastamento do individuo face aos seus direitos e dos demais, é ainda a negligência face à sua transformação, bem como a incapacidade de um sério comprometimento com a transformação da sociedade em que vive.

De uma forma mais simples, a alienação é a incapacidade de um utente compreender a realidade em que está inserido ou os mecanismos sociais que afetam a sua vida, não conseguindo sequer ter consciência dos seus direitos.

Os meios de comunicação social, têm uma parcela de responsabilidade no que concerne à alienação, pela promoção da cultura de massas que faz com que se perpetuem as problemáticas sociais, em detrimento da informação consciencializadora e promotora da uma cidadania ativa, transformadora e libertadora.

Altruísmo – Atitude de preocupação com o bem-estar alheio, refletindo-se em atos que visam diminuir o sofrimento de pessoas e animais; entreajuda, filantropia, humanismo, solidariedade.

Ambiente social – É o conjunto de factos sociais, que influenciam o individuo, o grupo e a comunidade, através de diferentes aspetos, como culturais, sociais, económicos e políticos e até materiais, que por sua vez influenciam e condicionam as atitudes e a mentalidade dos indivíduos.

Amostra – É uma parcela de uma dada população a ser estudada, que por ser mais pequena e selecionada de acordo com critérios específicos, facilita a obtenção de dados e respostas para análise, é fundamentalmente utilizada na estatística e faz parte dos métodos e técnicas de investigação sociológica.

Amostra aleatória – Tipo de recolha de dados numa dada amostragem, em que todos os membros de uma população têm a mesma hipótese de ser selecionados para o devido estudo.

Amostra representativa – Tipo de amostragem em que se tratando de uma população mais vasta, obtém-se o resultado da pesquisa por percentagem, escolhendo os membros da população por critérios seletivos, tendo como resultado final a representatividade da população. Exemplos disso são as sondagens eleitorais.

Amostragem – Processo da elaboração e obtenção de dados de uma amostra, bem como da definição da metodologia da mesma para a investigação sociológica, podendo se tratar de um estudo quantitativo ou qualitativo, coligindo os dados por inquérito, entrevista, ou outro meio de obtenção de informações com os quais se pretende dar a resposta a uma questão que tenha sido levantado devido a um problema específico, ou, para avaliar o impacto de políticas públicas.

Analfabetismo – Iliteracia, incapacidade de uma pessoa face à leitura e escrita, ou ainda a falta de instrução escolar, o analfabetismo é um dos fatores que perpetua a <u>exclusão social</u> dos indivíduos ou populações submetidos a essa condição, sendo uma das consequências da ineficaz justiça social, pelo que é considerado como um atentado aos Direitos Humanos.

Análise de conteúdo – Processo utilizado nas pesquisas de investigação sociológica, em que se analisam os dados qualitativos obtidos a partir de uma amostragem quantitativa, o investigador infere um vasto conjunto de informações a partir de textos e dados como as entrevistas, inquéritos, sondagens, entre outros.

Animação sociocultural – Conjunto de atividades e práticas sociais, promovidos por profissionais, que visam promover o desenvolvimento e as capacidades pessoais, cognitivas e psicossociais dos utentes, sejam pessoas, grupos, ou comunidades, de diferentes faixas etárias, com especial incidência na infância, juventude e terceira idade. Esta prática profissional visa a inclusão da pessoa e dos grupos na comunidade.

Anomia – Termo empregado por Émile Durkheim, para designar a apatia social, a perda de sentimentos sociais, e a perda de identidade do sujeito face às transformações políticas que ocorrem na sociedade ao longo do tempo, que são sentidas pelo sujeito que as testemunha de modo traumático devido a não se identificar com a nova ordem social em que vive e na qual sente-se inseguro, frustrado, vazio, devido às transformações sociais, que são também de ordem económica, tecnológica cultural e religiosa. Há uma ligação da anomia com o suicídio, tal como afirma Durkheim na sua obra "O Suicídio" editado em 1897.

Antropologia – Ciência que estuda o Ser Humano no seu habitat natural, concernente aos laços familiares, sociais e económicos no seu meio, bem como a produção de cultura a partir dos recursos disponíveis do ambiente onde está inserido.

A Antropologia faz parte do ramo das Ciências Humanas que englobam também as Ciências Sociais.

Antropologia cultural – Ciência que estuda o modo de vida e o comportamento do homem no seu habitat e a sua relação com o meio, natural e comunitário, tendo como foco a cultura que emerge dessa relação, estuda os aspetos simbólicos e os processos de criação de cultura, usos, costumes e tradições, para compreender em que medida incidem sobre a vida dos membros da comunidade e o todo social em que se insere e do qual é parte inseparável; A antropologia cultural é uma das ciências sociais que formam o corpo científico do Trabalho Social.

Apoio Domiciliário Integrado (ADI) – Resposta social, que visa dar apoio aos utentes em situação de dependência, bem como auxiliar os familiares nos cuidados para com um familiar dependente, doente ou acamado, quer no apoio pelo tratamento médico, psíquico e social, quer no apoio pela resolução de problemas como alimentação, fisioterapia, higiene do doente, confeção de alimentos, apoio psicológico, atividades lúdicas, sendo este tipo de apoios adaptados a cada caso consoante as necessidades e os recursos disponíveis de cada agregado, esta modalidade de intervenção tem em vista garantir as necessidades básicas e atividades da vida diária, é um instrumento da Segurança Social através de instituições locais sem fins lucrativos e custeada pelo sistema de Providência Social e das respetivas contribuições.

Apoio social – Todo o trabalho de assistência, de auxilio e de suporte ou ajuda a quem carece de recursos ou de autonomia para satisfazer as suas necessidades, o Apoio Social é o fundamento basilar da Segurança Social ou do Trabalho Social em si, bem como todo o sistema previdenciário, e realiza-se através de subsídios em forma pecuniária ou em prestação de serviços com vista a abarcar um vasto conjunto de respostas sociais, cabíveis apenas aos que dela necessitem tendo em conta a Equidade. > Ação Social

Aprendizagem ao longo da vida – Método de aquisição e partilha dos conhecimentos e das técnicas, que feitas, tanto de modo formal, quer informal, permitem por sua vez ao individuo a capacidade de se aprimorar continuamente pelo desenvolvimento das suas competências e colmatando as suas necessárias de aprendizagem, para permitir o pleno desempenho pessoal, familiar, profissional e social, o aprendizado é algo que ao contrário do que se pensava em outras épocas, não há um tempo preciso, antes, faz-se necessário ao individuo na sociedade da informação a atualização continua dos saberes e permite assim a reciclagem das suas competências pelo Saber Fazer, Saber Ser e o Saber Estar.

A Aprendizagem ao longo da vida é hoje em dia, a condição *sine-qua-non* para combater a exclusão social, conceito defendido pelo Pedagogo Paulo Freire.

Assédio moral – Também denominado por *moobing*, é a violência psicológica praticada contra terceiros, nomeadamente no ambiente de trabalho, tendo como consequência a desestabilização emocional do indivíduo no seu meio de trabalho, prejudicando o seu desempenho e as relações laborais. É um ato persecutório, sistemático e coercivo, feito por vezes de forma velada. É considerado crime pela justiça, crime esse que a vítima tem por vezes muita dificuldade em provar a existência, visto que a abordagem dessa violência moral e psicológica é feita de forma velada, incidindo nos aspetos meramente laborais, visando a anulação do trabalhador perante o conjunto da empresa, humilhando-o e destruindo a sua imagem.

Assédio sexual – Ato coercivo, de incidência sexual, praticado por um individuo sobre outrem, de forma sistemática e insistente contra a vontade da vítima, na maioria dos casos ocorre em ambiente laboral, sendo exercido por superiores hierárquicos sobre os seus subalternos ou praticado por colegas. Ocorre também no seio familiar e acarreta em qualquer das suas formas, sérias consequências psíquicas para a vítima.

Assertividade – Atitude de um individuo perante outros, pela forma como exprime e expressa os seus pontos de vista, com sinceridade e frontalidade sem ferir a suscetibilidade dos demais; é também uma competência pessoal em saber defender os seus direitos de modo claro, inequívoco sem, contudo, atacar ou ir contra os interlocutores.

Assimilação – Processo pelo qual uma dada população minoritária adota os valores e a cultura da sociedade na qual se insere, é um processo lento que não se desenvolve numa só geração, incide sobre aspetos culturais, linguísticos, crenças, usos, costumes e valores.

Assistente social – É um agente do Trabalho Social, que tem a função de auxiliar e orientar os utentes na resolução da sua problemática, através da sinalização do problema, do estudo das suas causas, promovendo o encaminhamento social para as entidades que darão a resposta às necessidades sentidas pelo sistema cliente. O termo Assistente Social é mais empregue em países latinos, sendo que o termo está hoje em dia a ser substituído gradativamente por Trabalhador Social, perdendo a vertente do mero assistencialismo que está na origem do Sérvio Social.

Assistencialismo – Pensamento antagónico à Justiça Social, que entendia a Ação Social como mera assistência a que o Estado estaria hipoteticamente obrigado pela prestação de apoios, cabendo aos cidadãos meramente o ato passivo de usufruir desses atos caritativos pelo princípio da igualdade.

O assistencialismo é fruto das politicas advindas do fim do Século XIX, em que as classes dominantes, tentando responder às necessidades básicas das populações empobrecidas, prestavam os serviços e apoios mínimos, tendo como verdadeiro objetivo acalmar as revoltas dessa população, o assistencialismo tinha na sua base um ideal religioso, obviamente cristão, não visava de modo algum a transformação social., mas sim amenizar os conflitos sociais.

Atelier Ocupacional – Comummente denominado de *Workshop*, assemelha-se a uma pequena palestra, que visa a formação e a informação do seu público alvo. Em trabalho social, os *workshops* são um riquíssimo e importante instrumento de consciencialização, usam-se para além dos aspetos pedagógicos, formativos, educativos e culturais, para a informação e à participação dos clientes em projetos sociais, desenvolvimento comunitário e social.

Atendimento técnico – Ato inicial do contato com o cliente, no qual se aplicam as técnicas adequadas para obter as informações necessárias e regista-las, com vista a poder encaminhar o cliente para uma resposta social adequada às suas necessidades.

Entende-se ainda como sendo o conjunto de procedimentos, técnicos ou meramente burocráticos, que pelo contato pessoal com o utente, de forma empática e pela escuta ativa, permite compreender a realidade e toda a problemática apresentada, técnicas essas que podem ir da entrevista, às sessões de esclarecimento, entre outras.

Ator social – > Ver: *Agentes Sociais*

Autonomia – Capacidade de um individuo em cuidar dos assuntos pertinentes à sua subsistência, bem como à manutenção do seu bem-estar físico e da sua realização pessoal, profissional e cultural, de forma responsável, plena, consciente; a realização das condições acima mencionadas, permitem ao individuo manter a sua dignidade.

Avaliação – Procedimento utilizado pelos técnicos sociais, como vista à obtenção de informações e análise dos resultados de uma dada intervenção e da implementação de programas ou políticas sociais, com o intuito de saber a evolução das mesmas e avaliar a perspetiva de resolução dos problemas, encontrar novas necessidades sentidas e a resolução das problemáticas. As avaliações podem ser qualitativas quanto quantitativas e muitas vezes de ambas as formas, avaliando o desempenho do Trabalhador Social e a satisfação do cliente sobre medidas de intervenção e o modo com foi recebida e compreendida pelas populações abrangidas, incluindo os serviços prestados, as instalações, entre outros dados.

LETRA B

Bairro Social – Urbanizações construídas por iniciativa pública ou privada, que tenham custos controlados e que destinam-se a populações empobrecidas ou de baixos recursos.

Os moradores são escolhidos de acordo com um processo de elegibilidade, consoante as possibilidades, as necessidades e as prioridades do individuo ou do agregado familiar, podendo ir de uma aquisição do imóvel a preço de custo a um aluguer com valores controlados e adequados ao rendimento do agregado familiar.

Banco Alimentar – Resposta social de iniciativa privada, cujo objetivo é a solidariedade social, através da coleta de alimentos por particulares, distribuindo-os pelas famílias ou indivíduos mais carenciados que estejam registados em organismos e ou instituições sem fins lucrativos, o Banco Alimentar surgiu nos anos 90 e espalhou-se por vários países cujo modelo é a economia social e o terceiro setor, contudo recebe apoios do Estado tendo-se tornado num importantíssimo recurso social contra a fome pela entrega de cestas básicas, compostas de géneros alimentícios de primeira necessidade, composto por alimentos secos, frescos e congelados.

As entregas aos utentes, são feitas por instituições sem fins lucrativos, que estipulam dias de entrega de alimentos secos, congelados e alimentos frescos, não confecionados, que fazem parte da denominada *"Cesta Básica"*.

Banco de roupa – Resposta social com vista a apoiar as necessidades de vestuário e agasalho de pessoas e famílias empobrecidas ou de baixos recursos financeiros, não há uma organização semelhante ao de Bancos Alimentares, pelo que as iniciativas em Bancos de Roupa são mormente feitas a nível comunitário e associativismo de bairro.

Há, contudo, em Portugal estruturas criadas por alguns organismos locais e municipais com a finalidade de recolha de roupas e calçado através de contentores espalhados por diversos pontos das zonas urbanas, para a reciclagem de roupas e a sua redistribuição para famílias carenciadas.

Base de Dados – Instrumento de registo e arquivo de informações específicas, sobre os clientes, as problemáticas, as informações temporais e geográficas dos fenómenos ocorridos bem como sociográficas no que concerne aos indivíduos e os seus agregados.

As bases de dado atualmente, estão inseridas em programas informáticos apropriados às entidades de Solidariedade Social e similares, essas bases de dados informáticas permite-nos criar gráficos de análise sobre a população cliente.

Bem-estar social – O Concelho Europeu, define como Bem-Estar Social a capacidade que uma sociedade tem para assegurar o bem-estar de todos os seus membros.

É um dos fundamentos da governação, embora se confunda com o Estado Providência, é diferente na forma e no conteúdo, na medida em que este último refere-se a uma ideologia com cariz social-democrático ou socializante, enquanto o primeiro é um atributo das funções do próprio Estado como organismo político e Garante dos Direitos e o Executor das políticas públicas e sociais a que está vinculado independentemente das variantes político-ideológicas.

Nesse sentido, entende-se como funções do Estado, a de promover a coesão pela coresponsabilidade dos agentes sociais, e assim assegurar a proteção da população no nascimento, na educação, no desemprego, na doença e na morte, variando de país para país consoante o nível de desenvolvimento e dos recursos disponíveis.

Beneficiário – Termo muitas vezes confundido com utente e cliente, no entanto beneficiário tem um significado mais específico que os dois acima referidos, entende-se por beneficiário todo o cidadão que é abrangido pela proteção social, em situações de desemprego, doença ou velhice, ainda que não venha a usufruir destes apoios sociais.

Num sentido mais lato, beneficiário pode entender-se como o indivíduo que recebe o apoio de uma determinada resposta social com o objetivo de suprimir as suas necessidades sociais, contudo neste sentido o Trabalho Social moderno prefere a denominação de utente ou cliente.

Benefícios – Todo o tipo de bens materiais (quer fiduciários quer não) bem como de serviços, que são utilizados no apoio a um determinado cliente, agregado familiar, grupo ou comunidade, com o objetivo de suprir necessidades subjacentes ou imperativas, este tipo de benefícios é normalmente determinado na sua extensão temporal, na quantidade e nas condicionantes, podendo também ser vitalícios.

Os benefícios temporais, ou seja, que se limitam no tempo de duração do apoio recebido, podem ser por exemplo, o apoio no desemprego, na doença, na formação académica (bolsa de estudos), e podem ser vitalícios como a pensão por velhice, a aposentadoria ou a reforma.

Há, contudo, benefícios que podem ter tempo indeterminado, como o apoio a comunidades ou populações em risco, vítimas de catástrofes, entre outros.

Benefícios baseados na validação dos meios – São os benefícios, que de acordo com critérios específicos, destinam-se aos utentes consoante as suas necessidades, são atribuídos de acordo com o rendimento auferido do mesmo ou do agregado a que pertence. Trata-se de benefícios, que são atribuídos pelo princípio da *Equidade* e não da igualdade de direitos.

Benefícios universais – Benefícios que são recebidos por todos os cidadãos em iguais condições, não havendo o critério da equidade, mas sim da igualdade. Por exemplo o apoio na maternidade acarreta benefícios universais, que podem não ser meramente pecuniários, mas sim no gozo de licença parental dado igualmente a cada pai e cada mãe.

São assim benefícios que se encontram consagrados na Lei com o direito de gozo e usufruto.

Bigamia – Individuo que tem mais de uma relação conjugal, na maioria dos países entende-se por bigamia o casamento oficial com mais de um cônjuge, no entanto pode entender-se como a pratica de coabitação com mais de um companheiro, na maioria dos casos com a constituição de duas famílias distintas, sendo esta prática muito comum em outras culturas, que se vê reproduzida no Ocidente pela imigração e a manutenção de usos e costumes, que por sua vez estão associados a crenças e tradições culturais milenares. No Ocidente de influência cristã os casos de bigamia são mantidos em segredo, visto ser moralmente condenado, sendo um crime, com pena prevista pela lei em vários países.

Burocracia – A origem do termo é bastante curiosa, refere-se a um tecido chamado *burel*, que era usado para cobrir as mesas das repartições públicas onde se faziam as escrituras, as contas e outras tarefas de ofício.

Com o tempo o nome generalizou-se para todo o trabalho de escritório, e relacionou-se com a estrutura orgânica de uma instituição.

Comummente a burocracia é também entendida no sentido pejorativo, como um processo de trabalho complicado, desnecessário e inacessível às populações.

No serviço social, muitos técnicos usam chamar trabalho burocrático, a tudo o que é relacionado com os procedimentos de registos, análises e documentação relativas aos processos dos clientes

LETRA C

Cantina Social – Equipamento social destinado a dar resposta às necessidades alimentares dos utentes, tratando-se de indivíduos em situação de vulnerabilidade social comprovada; resposta social que abrange também os restantes membros do agregado familiar do respetivo utente.

As Cantinas Sociais são administradas maioritariamente por instituições sem fins lucrativos e apoiadas por subsídios do Estado de acordo com as políticas sociais, oferecendo aos utentes duas refeições quentes por dia, sendo as mesmas confecionadas no local da recolha, as quais podem ser consumidas no local ou no domicilio, as refeições compõem-se na maioria das vezes por: sopa, prato de carne ou peixe, sendo complementas por uma peça de fruta ou sobremesa, sumo de fruta e pão.

As cantinas são rigorosamente controladas pelos organismos da Segurança Social na aplicação dos apoios, e pela Segurança Sanitária no que tange à qualidade das refeições e da higiene na confeção dos alimentos.

Capital humano – Conjunto de conhecimentos e competências que uma dada pessoa vai adquirindo ao longo da vida, hoje é tido como uma grande referência nos processos de seleção nos recursos humanos, para admissão e atribuições, que contam tanto quanto uma formação académica ou técnica.

Se por um lado a formação académica permite um conjunto de conhecimentos, a vivência por outro lado permite a melhor compreensão desses mesmos conceitos e técnicas, sendo por isso que é valorizado o Capital Humano.

Caridade – Atitude filantrópica voluntária, sendo associada a um sentimento de sensibilização perante o sofrimento alheio que por sua vez conduz a atos de solidariedade e auxílio.

A palavra vem do latim *Caritas*, que quer dizer afeto, compaixão para com o próximo; a caridade é tida como uma atitude de benevolência e voltada para o socorro e a ajuda humanitária, é fundamentalmente de cariz religioso e moral.

Casamento – Relação entre duas pessoas que partilham vida em comum, mediante um acordo mutuo e consentido, tanto de caráter civil como religioso, por meio de uma escritura assinada entre ambos, todavia, as relações similares sem acordo assinado, têm a mesma validade, na medida em que se entende. que um acordo verbal entre duas pessoas, tem a mesma validade que um acordo lavrado em cartório; alguns países reconhecem os mesmos direitos na dissolução das relações conjugais.

Casamento homossexual – Recentemente, na conquista pelos direitos humanos e a igualdade, as pessoas do mesmo sexo conquistaram a possibilidade de ver as suas relações conjugais reconhecidas por lei como legitimas e com a mesma igualdade de tratamento, tanto para a consumação notarial do casamento como para a sua dissolução, com os mesmos direitos e garantias, dos casais heterossexuais.

Casta – Conceito hindu de classes sociais, que de certa forma é o processo de estratificação social de cariz religioso na Índia, é, no entanto, praticado no ocidente entre os seguidores do hinduísmo, muito embora seja inaceitável à luz do direito, no qual todos os seres humanos nascem livres e iguais.

Uma das formas de manter e determinar as castas, são os casamentos, casando-se com pessoas da mesma casta, algo similar, acontecia nas monarquias europeias, que procuravam casar os seus herdeiros com membros da nobreza dos seus países ou de ouros países, visto que não era aceitável que uma pessoa da nobreza, contraísse matrimónio com uma pessoa plebeia.

Causalidade – Termo usado nas ciências naturais, na qual se compreendem os fenómenos como efeitos ou consequências, a partir do estudo das causas dos mesmos, o termo é aplicado nas ciências sociais com o objetivo de compreender os fenómenos as suas causas e efeitos.

Centro de Acolhimento Temporário (CAT) – Resposta social, da Segurança Social Portuguesa, com vista a acolhimento de crianças e jovens em situação de risco, os beneficiários desta medida não poderão ultrapassar os 18 anos de idade, e o tempo máximo de permanência neste equipamento ou resposta social é de 6 meses.

Centro Comunitário – Comummente tido como uma organização ou estrutura de âmbito local, voltada para a dinamização dos aspetos sociais e culturais dos habitantes da área geográfica abrangida, tem fundamentalmente cariz, solidário e integrador.

Do ponto de vista institucional, é uma entidade formada com apoios sociais do Estado ou de outros organismos de solidariedade social, podendo o âmbito dos objetivos de atuação serem específicos ou gerais.

Cibercrime – Nova realidade no que concerne à prática de crimes, quanto mais se desenvolvem as tecnologias, tanto maior será o grau da prática criminosa através das mesmas.

O *cibercrime* vai desde a fraude de empresas à invasão de privacidade dos utentes, desde o *phishing* nas contas bancárias via *home-banking* até à publicidade enganosa nos e-mails, passando também pela violação de propriedade intelectual.

Cidadania – É a condição de que dispõe um habitante de um país, região ou cidade, no que concerne ao usufruto dos seus direitos políticos e civis bem como a incumbência do cumprimento dos deveres a que a lei o obriga.

Cidadania ativa –Trata-se do exercício pleno da Cidadania, de modo ativo e consciente pelos cidadãos no que concerne aos seus deveres, bem como no zelo pela defesa dos direitos e garantias legais, sobretudo no cumprimento dos Direitos Humanos dos mais desfavorecidos, da defesa do ambiente ecológico e da sustentabilidade ambiental à qual está ligada toda a comunidade, e ainda a promoção da justiça social e do compromisso com a solidariedade social, o voluntariado, a consciencialização e participação politica, o que requer por sua vez que os cidadãos estejam devidamente informados para além dos veículos normais dominantes dos meios de comunicação social.

A Cidadania Ativa ligada a projetos de Desenvolvimento Comunitário e no trabalho social de base, sobretudo de tendência antiopressiva e humanista.

Ciências Sociais – Conjunto de Ciências Humanas, que se especificam no estudo das relações sociais, visam estudar a relação e as estruturas sociais na interação com o Ser Humano, assim temos que a Antropologia estuda as relações do Ser humano com o seu habitat, e os aspetos culturais que daí advêm, a sociologia estuda a estrutura social e o comportamento humano dentro desta, a psicologia estuda os fenómenos da mente humana, mas que estão inseridos na sociedade e no ambiente cultural, e assim por diante, podendo passar pela Economia, a Ciência Politica, as Relações Públicas, a História, são exemplos de Ciências Sociais, que se emanciparam das Ciências Humanas mais precisamente da Filosofia.

Classe média – Definição que advém do capitalismo nascente do século XVIII, define-se a classe média, como um conjunto de indivíduos ou agregados possuidores de condições especiais, como recursos económicos, exercício profissional, nível de formação e padrão de vida, acima da esmagadora maioria dos restantes assalariados, o individuo de classe média, é a grosso modo, composto por profissionais liberais, os pequenos e médios empresários, os funcionários públicos, ou os intelectuais. Comummente chamados de "Burgueses", que formam uma elite que se encontra abaixo da nobreza ou aristocracia e acima do operariado.

Classe social – Conjunto de pessoas ou grupos que têm em comum um mesmo estatuto social, com características semelhantes no poder aquisitivo, no padrão cultural na formação escolar, pelo que podemos aferir que não há sociedades sem estratificação social, mesmo as mais rudimentares organizações sociais; assim cada sociedade tem uma forma de estratificação social própria, embora com matizes diferentes, umas realizam-se por castas, outras por classes, movendo-se entre a base da pirâmide e o topo nos sentidos decrescente e ascendente.

Normalmente entende-se que as classes sociais são uma consequência da organização social, surgida com a Revolução Industrial e o advento do capitalismo, assim as classes estariam relacionadas com a classificação hierárquica e valorativa dos elementos que formam a sociedade, tanto pela origem familiar, como pelo nível de rendimentos auferidos ou conquistados. Se por um lado é certo que as classes sociais medem-se hoje de forma variável, de acordo com os rendimentos dos agregados, também é verdade que a mobilização entre classes sociais ocorre pela profissionalização, a escolaridade entre outros atributos e competências adquiridas ao longo da vida.

Classe trabalhadora – Termo também aplicado ao que é conhecido por Proletariado, ou seja, é um conceito definido por Karl Marx, na sua análise sociológica da sociedade capitalista do seu tempo. Contudo, entende-se hoje, como o conjunto de indivíduos que normalmente trabalham como operários fabris, camponeses, pescadores, serventes e indiferenciados, mas também escriturários, e outros similares, ou seja, é a camada da sociedade que forma a maioria do tecido produtivo de uma sociedade e que retira o rendimento pela venda da sua força de trabalho a uma entidade coletiva.

Devido ao desenvolvimento tecnológico, a classe operária também evoluiu no seu conhecimento e no desenvolvimento de competências, sobretudo ligadas à alta tecnologia e informação; assim ser-se operário hoje é também uma forma de se ser especializado na atividade que se exerce.

Classista – Individuo que pertencendo a uma determinada classe, de acordo com o seu estatuto, rendimentos ou competências, entenda a sua classe como superior em detrimento dos demais. É um preconceito contra outros indivíduos que supostamente sejam de classes sociais diferentes. Trata-se de uma forma de exclusão social através do estrato social a que um dado individuo pertence.

Cliente – Toda a pessoa, agregado, grupo ou comunidade, que solicitam o apoio de bens ou serviços financiados pelo Estado. Este é o novo termo que tem vindo a substituir o anterior de *utente*, se na essência são a mesma coisa, no conceito que dessa palavras emana, são outra totalmente diferente, o que se pretende é a consciencialização do Cliente, não como um mero usufrutuário de um bem ou serviço que recebe em seu apoio, mas de um contrato baseado na consciência que se trata de recursos que lhe são destinados por um período de tempo determinado e ao qual deverá cumprir com deveres preestabelecidos, respeitando assim, todos os outros cidadãos contribuíram com impostos para que o respetivo serviço fosse concretizado. Em certa medida, está ligado ao conceito de 'Cidadania' do ponto de vista político e de 'Contribuinte' do ponto de vista económico e social.

Coabitação – Situação em que duas ou mais pessoas vivem em comum, usufruindo e partilhando do mesmo espaço, meios e recursos.

Situação em que se encontram as pessoas casadas, pelo direito português, o casamento obriga ou adverte a que os cônjuges estejam em situação de coabitação e de apoio mutuo, pela coabitação também se entende que duas pessoas mesmo sem o contrato de um casamento, terão os mesmos direitos por inerência da coabitação.

Coeficiente de Gini – Medida descoberta e desenvolvida pelo matemático italiano Corrado Gini, destina-se a medir a desigualdade do rendimento de uma dada população, de modo que a curvatura exagerada mostra perfeitamente o grau de desigualdade social, este coeficiente é utilizado geralmente em sociologia aplicada e em economia social.

Coerção – Exercício de uma pessoa ou grupo, por atos de indução e pressão sobre outra pessoa ou outros grupos, na Ciência Política entende-se que esse é um direito e um atributo do Estado, pelos mecanismos legais e jurídicos, levam os indivíduos e a sociedade em si, ao cumprimento de regras, todavia, se a coerção for feita de forma a prolongar-se no tempo, passa a ser tida como opressão, tal como ocorre que nos regimes ditatoriais.

Coesão social – Conjunto dos agentes sociais, que contribuem e concorrem para promover o equilíbrio social através da solidariedade entre os diferentes grupos e setores que dela fazem parte, ou por outras palavras é também visto como o conjunto de atividades que promovam a inclusão e permitam facilitar a aplicação das politicas sociais pelas instituições e agentes particulares em prol dos mais desfavorecidos.

Comportamento desviante – Atitudes e praticadas que estão à margem da sociedade, não é algo relacionado com o crime, mas sim com a diferenciação das atitudes e ações que se desenquadram das regras da comunidade ou sociedade a que o individuo pertence. Os indivíduos que têm comportamentos desviantes fazem-no conscientemente, há, contudo, uma enorme diversidade de comportamentos desviantes, que por desrespeitar usos e costumes, desviam-se das regras de conduta social, não é algo necessariamente nocivo à comunidade, podendo, contudo, indicar alguma patologia psicológica através de comportamentos antissociais; sendo este um tema estudado largamente pela Psicologia Social, a Sociologia e a Antropologia cultural.

Comunicação não verbal – Linguagem e forma de expressão, que não se faz por meio de palavras ou sinais vocálicos, mas por gestos, formas de olhar, andar, vestir-se, tiques nervosos, que contextualizados podem auxiliar o interventor social a compreender as atitudes e motivações do cliente durante uma entrevista social, essas informações são preciosas para o relatório social.

Atualmente a Programação Neurolinguística (PNL), tem vindo a ser aplicada em grande escala e a diversos níveis, devido a permitir ao interventor uma maior impressão de uma pessoa (cliente) do seu comportamento, corroborando através da linguagem vocal os sinais apreendidos na comunicação.

Comunidade – Conceito que na sociologia e na antropologia, é tido como o conjunto de pessoas que partilham de um mesmo ideal, seja religioso, cultural, político ou económico, organizando-se e cumprindo um conjunto de regras abrangentes a todos os membros, pode ser também, do ponto de vista antropológico, o conjunto de indivíduos e famílias, que partilham a mesma área geográfica, gerem os recursos económicos e sociais comuns e comungam das mesmas tradições, usos e costumes, bem como encontram-se unidos por laços de fraternidade e consanguinidade, permitindo aos indivíduos da comunidade a sensação de subsistência, segurança e proteção.

As comunidades podem existir em dimensões diversas, em meios ou habitats diferentes, tanto agrícolas como urbanos, em pequena dimensão como associações que se unem por motivos lúdicos, religiosos, económicos ou outros, ou ser de grande dimensão como populações inteiras que formam aldeias.

Conceito – A ideia, um juízo de valor que se tem de algo ou de algum fenómeno social, os conceitos são baseados nos conhecimentos adquiridos pela experiencia e testados pela constante experimentação, permitem assim a operacionalização das ideias ou conceitos, de certa forma o conceito é uma ferramenta do Trabalho Social na medida que lida com os factos sociais utilizando conceitos multidisciplinares e permitindo a compreensão desses fenómenos para se aplicar a melhor resolução das problemáticas.

Conflito – Desequilíbrio provocado por forças antagónicas, que se opõe, o conflito pode ser do individuo consigo mesmo através de um dilema, entre indivíduos, empresas, grupos, comunidades ou países, comummente nasce da disputa de interesses que são divergentes ou de disputas inconciliáveis de recursos ou interesses.

O conflito não é necessariamente bom ou mau, revela a existência de um problema latente, que entrou numa fase critica e requer uma solução é algo inevitável num mundo em que os recursos são escassos, as escolhas são múltiplas, as desigualdades latentes pelo que os interesses chocam entre si.

Os assistentes sociais são profissionais que tendem a lidar diretamente com situações de conflito, visto algumas problemáticas estarem relacionadas com divórcios, despedimentos coletivos, confrontos entre grupos, violência doméstica, delinquência, exclusão social, entre outros.

Conformismo – Significa estar conforme, de acordo com as regras ou a situação vigente e pré-estabelecida, não é necessariamente uma resignação ou um adiamento, mas antes uma acomodação mental face à problemática ou situação vigente quer essa situação seja a sua vida pessoal, familiar, ou mesmo social.

Conjuntura – Termo muito utilizado na economia, que define uma situação específica de um dado momento, influenciado por circunstâncias económicas e sociais, as quais influenciam positiva ou negativamente as decisões políticas que incidem sobre os mercados e a economia, com consequências também sociais.

A conjuntura é também como a ilustração de um cenário socioeconómico, isto é, fornece-nos uma visão de conjunto, pela qual podem prever-se as reações dos mercados e dos demais agentes sociais, prevendo-se o reflexo, como por exemplo o índice de produtividade, as exportações, o pleno emprego ou subida do desemprego, entre outros dados como o custo de vida, as tendências dos mercados financeiros, etc.

Consenso – Situação em que ambas as partes numa dada situação chegam a acordo, tanto explícito como tácito, permitindo a resolução de um problema ou conflito, trata-se de um processo realizado por meio de negociações, que implica as partes saberem colocar-se no lugar do outro, onde há cedências de ambos as partes que ganham sempre mais numa negociação do que o que perdem na cedência, quer se trate de decisões sobre valores monetários ou regras e condutas a serem postas em prática pelas partes envolvidas.

Pode-se aqui utilizar como exemplos de consenso os acordos de um divórcio, de um litigio laboral, de problemas maiores como grupos ou comunidades.

Consciência social – Palavra que provém do latim (*Conscientia*) e significa ter conhecimento, saber, estar informado, podemos acrescentar que é o individuo que tem a capacidade de perceber e compreender a realidade social, na sua organização estrutural e nas suas problemáticas socioeconómicas, políticas e ambientais, seja pelo conhecimento de causa ou pela informação adquirida, que permite refletir sobre a realidade do mundo que o cerca e ter assim, um posicionamento claro face ao seu papel como cidadão ativo e agente social.

Constrangimento social – Força de pressão social e coletiva pelo exercício do poder, da hierarquia ou da persuasão, visa condicionar ou influenciar a conduta dos indivíduos e fazer com que se adequem às normas sociais vigentes, o constrangimento pode gerar conflitos tanto individuais como familiares, laborais, políticos ou de outra ordem.

Como exemplo, as forças policiais, a lei, o código penal que visam impor regras ou sanções no caso do não cumprimento das mesmas. Os preconceitos são outra forma de constrangimento social, neste caso nocivo e que é gerado pela exclusão social e a discriminação.

Contexto – Conjunto de situações, eventos, condições que formam o todo das circunstâncias, o contexto engloba o tempo e o espaço em que os eventos ocorrem, influenciam e condicionam a ação, é um dos principais elementos a ter em conta na entrevista social que se segue à ocorrência do pedido de apoio, é precisamente o contexto em que o fenómeno se insere, e que permite compreender a mensagem recebida e transmitida entre os interlocutores.

Contrato – Acordo entre duas partes que estipula a incidência, o modo e o tempo abrangidos no acordo, pode ser meramente verbal, ou documentado, pelo que exige a existência de um documento oficial, em que ambas as partes se comprometem no cumprimento do acordo celebrado na negociação, pelo consenso entre as partes. No contrato estipulam-se os prazos, valores, direitos e deveres de ambas as partes.

Todo o processo de intervenção social, inicia-se formalmente com a celebração da assinatura do contrato, e culmina no seu término pelo prazo estipulado, o contrato de intervenção social, visa assim a consciencialização do cliente comprometido em ser o principal agente da transformação da sua situação, e da sua importância como cidadão ativo.

Corrente – Uma escola na qual se desenvolve um pensamento, uma ideia, um conceito teórico; trata-se também de um movimento que propõe diretrizes, movimento de pensamento que visa propagar as suas ideias e pô-las em prática. Tal como em outros campos do pensamento e do saber, como a filosofia, a sociologia, a antropologia entre outros.

O Serviço Social também tem as suas próprias *Correntes, Teórico-conceptuais*, das quais destacam-se a corrente positivista, a marxista (não confundir com o marxismo no sentido politico ideológico), a fenomenológica, a estruturalista, a humanista, a radical e a feminista. Cada uma destas correntes corresponde a fases diferentes da evolução histórica do serviço social, são fruto, não só de uma tendência de pensamento, mas também do contexto histórico, politico, social e geográfico ao longo do tempo que permitiu de forma dialética a evolução do trabalho social permitindo uma maior importância na sociedade.

Corrente Feminista – O Feminismo, além de um movimento pela emancipação feminina, foi também uma corrente critica e contemporânea do Serviço Social, muito embora o marxismo seja ideologicamente fundamental na luta de emancipação preconizada pelo feminismo, a corrente feminista vai além da visão sociológica marxista, ultrapassa também a corrente radical[5] do pensador e pedagogo Paulo Freire, e torna-se uma

---

[5] ROCHA, H. B; FERREIRA, P. M; SILVA, T. P e RAMALHO, V. B. (2013)

corrente antiopressiva e antidiscriminatória na medida em que a consciencialização da condição feminina na sociedade de então e o papel secundário atribuído à mulher, tornava urgente um movimento feminista no trabalho social, que ultrapassasse os limites conceituais do marxismo ou de outras correntes não vinculadas à causa feminista, pelo que o problema não se limitava à exploração económica da mulher pelo sistema capitalista, era um problema de fundo, de raiz cultural e que necessitava urgentemente de ser desconstruído.

Nesse sentido a corrente feminista, não é apenas uma corrente de consciencialização, pretende ser uma corrente que visa uma mudança e fazer com que uma vez atingida seja parte também normativa no Trabalho Social.

Corrente Humanista – Ao contrário da corrente marxista, esta não visa a mudança social, nem tão pouco pretende ser apenas filantrópica ou assistencialista, mas sim uma corrente de libertação do individuo, do grupo ou da comunidade pelo *empowerment* e pela consciencialização da realidade social e das capacidades individuais, contudo, é também uma corrente antiopressiva e antidiscriminatória.

Dos principais nomes da corrente humanista temos o argentino Ander Egg, tendo também recebido uma grande influência do psicólogo estadunidense Carl Rogers, um dos mentores da Psicologia Humanista cuja abordagem holística teve influencia no Serviço Social.

Crime – Toda a conduta ou ato ilícito, pela prática de infrações contrárias às normas vigentes em sociedade, quer sejam consuetudinárias, quer sejam as previstas num determinado código de leis. O crime é uma prática marginal, desviante e socialmente condenável, sendo exercida de modo consciente e

---

"Serviço Social critico, da modernidade à contemporaneidade". Alternativas, Cuadernos de Trabajo Social, pp. 20, Alicante, Publicaciones, Universidad de Alicante.

intencionalmente pelo seu autor. Émile Durkheim,[6] define sucintamente como toda a ação ou modo de vida, que a lei autoriza a que se apliquem sanções e uma determinada pena.

Criminalidade – Tudo o que se refere a crime, e que esteja associado a atos ilícitos e que tenham a intenção de causar dano, sejam violentos ou não, por criminalidade pode entender-se ainda o termo utilizado para referir os índices de crimes praticados numa dada sociedade, bem como referir a natureza dos mesmos.

Criminologia – Campo cientifico que estuda o fenómeno da criminalidade numa dada sociedade, com o objetivo de conhecer as suas causas e as suas consequências, estuda também os mecanismos aplicáveis ao controlo e à diminuição da criminalidade, sobretudo nos aspetos da reinserção que permitam evitar a reincidência do crime.

Crise – Crise é uma palavra que provém do grego, *'Krisis'* cujo significado etimológico é Decisão. Entende-se como o agravamento brusco de uma situação latente, ou de um fenómeno imprevisto que gera grande alteração e perturbação nos indivíduos, agregados, grupos ou comunidades, ou na sociedade na qual ocorre, sendo geralmente provocada por fatores internos, ou seja psicológico, ou ainda fatores sociais e ambientais, como familiares e o ambiente social, profissional e até geográfico.

No Serviço Social, trabalha-se com várias situações de crise, como os casos em que há graves vulnerabilidades advindas por exemplo, por catástrofes naturais, problemas laborais, familiares, crises económicas, crises sociais como a dos refugiados de uma guerra, entre outros, aos quais faz-se necessário socorrer com celeridade da ação social de socorro e de encaminhamento nas situações atrás descritas, denominada precisamente 'Intervenção em Crise'.

---

[6] Dicionário de Sociologia,

Cuidador – Todo o individuo que, seja um profissional ou um familiar, presta cuidados de apoio e acompanhamento a um doente, quer este seja a um familiar ou a um utente (cliente), os cuidados são abrangentes, indo da posologia medicamentosa à alimentação, passando pela higiene, vestuário e a observação continua do estado do paciente.

Cultura – Conjunto vasto de produções materiais, intelectuais, feitas por indivíduos, grupos ou a sociedade como um todo, a partir dos recursos do habitat envolvente, somando-se ainda as tradições, os usos e costumes, mitos e crenças, influenciando o modo como uma comunidade vive, pensa e sente, bem como agem, se relacionam e se organizam as suas classes sociais e os seus membros, do ponto de vista económico, social, político e institucional; Também o Direito através das leis consuetudinárias é fruto da influencia da cultura.

Assim, as formas de produção da cultura acima referidas, realizam-se nos mais variados setores sociais e em diferentes formas de expressão simbólica, como as artes, a língua, a literatura, a religião ou a mitologia popular. Não obstante, faz-se necessário referir que dentro de uma cultura maior, subsistem outras culturas minoritárias ou setoriais, nomeadamente em países em que há uma clara multiculturalidade, convivem, portanto, em maior ou menor grau de harmonia, diferentes matizes de culturas, que vão das tribos urbanas às minorias étnicas, ou de comunidades imigrantes a outras motivações, tais como as de natureza religiosa, étnica, etária, de classe, entre outras.

Cultura da dependência – Conceito similar ao de cultura da pobreza, ver abaixo.

Cultura da pobreza – Conceito desenvolvido a partir dos anos 60 do séc. XX, pelo antropólogo Óscar Lewis ao criar este conceito, que visa a desconstrução da ideia de que a pobreza seja fruto das incapacidades e deficiências individuais, ao contrário afirma e denúncia que são as estruturas, ou o *Status Quo*, a pobreza e a dependência procedem do ambiente social, vivido nos países capitalistas em desenvolvimento, fazendo perpetuar essa situação.

LETRA D

Dados sociográficos – Dados estatísticos, onde são observadas várias informações sobre os utentes, ou sobre uma população, nomeadamente no que concerne a dados socioeconómicos, psicossociais e médicos, tais como naturalidade, faixa etária, género, escolaridade, situação profissional, condições de habitação, dados clínicos e rendimento; quando os dados incidem sobre a área geográfica ou estudam um bairro social por exemplo, denominam-se de dados s**ociodemográficos**.

Deficiência – Insuficiência de capacidades voltadas para atingir determinados fins, é a incapacidade de execução de funções naturais ou tarefas, devido a disfunções de ordem psíquica ou psicológica, física, anatómicas ou de outra ordem que limitam a pessoa de modo temporário ou permanente.

As pessoas portadoras de deficiências têm vindo a ter reconhecido por parte dos Estados, uma maior atenção na criação de políticas inclusivas e de integração social.

Delinquência – Atividades criminosa não organizada, comummente o termo está associado a pequenos crimes circunscritos a grupos juvenis de uma dada localidade e não raras vezes com o mesmo significado de marginalidade, vandalismo e por vezes conotado com criminalidade de conotações racistas, xenófobas e antissemitas.

A delinquência é, contudo, a pratica de pequenos delitos como furtos, ataques à propriedade privada, agressões físicas a pessoas e entidades da comunidade local.

Democracia participativa – Conceito largamente defendido pelos Humanistas, a democracia participativa é a que permite a atuação direta das populações locais nas decisões e deliberações do poder local, indo desde a existência de organizações e associações de rua, ou de bairro que promovam iniciativas e o debate necessário para o esclarecimento popular.

A Democracia participativa é hoje tida como uma das grandes prioridades na política, pelo que a democracia deve ser exercida da base para o topo, do poder local para o poder nacional, permitindo uma maior participação dos cidadãos na política, pela consciencialização da importância que cada um deles tem no processo decisor local, é visto como uma das últimas oportunidades para se revigorar e salvar a democracia.

Demografia – Ciência que estuda a população, pela sua composição e distribuição geográfica, sendo um campo cientifico de grande importância para o trabalho social, por permitir uma visão de conjunto, a qual reflete através da estatística a realidade sociodemográfica, permitindo a definição de políticas sociais a serem aplicadas.

Deontologia – Palavra grega que significa o *"Estudo do Dever"* referente à ética e às boas práticas de uma dada profissão, há assim um Código Deontológico voltado para a profissão de Assistente/Trabalhador Social.

Dependência – Situação vivenciada por pessoas, que estejam incapacitadas de exercer a sua autonomia, devido a razões que se prendem à perda ou ausência das suas capacidades físicas, psicológicas e intelectuais, de modo a limitar a sua vida pelo que carecem de apoio de terceiros para a realização de tarefas tais como deslocação, alimentação, higiene, cuidados de saúde, entre outros denominados de Atividades da Vida Diária (AVD) e Atividades Instrumentais da Vida Diária (AIVD).

Situação vivida por um individuo, uma família ou um grupo comunitário, que se traduz na incapacidade de suprir as suas necessidades de subsistência, quer o fenómeno ocorra pela falta de recursos materiais, quer por limitações de ordem psíquica ou física, ou ainda por condicionamentos geográficos, sociais e políticos. Podendo ter uma duração temporária ou permanente.

Não obstante, entende-se também a situação que um individuo tem face à satisfação de uma necessidade psicológica ou substância química, comummente entendido como adição como tabaco, toxicodependência ou alcoolismo.

Dependência de apoios sociais – Fenómeno cultural e social, que se reflete pela acomodação de um individuo ou agregado familiar, que em situação de dependência, não conseguem criar mecanismos para se autonomizar, mantendo-se sistematicamente dependentes de apoios do Estado e da solidariedade social; as políticas sociais, traduzem-se em políticas ativas de emprego e visam além do apoio, promover a necessária autonomia do utente.

Desemprego – Situação na qual um individuo se encontra sem a fonte de rendimento pelo exercício de um oficio, normalmente ocorre em duas situações ou é uma pessoa jovem ainda à procura do primeiro emprego, ou trata-se de alguém que tendo já experiencia profissional perdeu o seu posto de trabalho.

O desemprego acarreta uma série de consequências para a vida dos indivíduos, como a perda da qualidade de vida, o estigma social, mas também para a sociedade devido a que o índice de desemprego aumenta devido a crises económicas, agravando a crise social.

O desemprego tem também uma tipologia específica, de acordo com a causa pela qual se processa, bem como a duração do fenómeno no tempo, nesse sentido há o desemprego *'Conjuntural'*, de acordo com os ciclos económicos, o *'Estrutural'* que surge com alterações na economia, como a mudança estratégica de produção e ou setores, e por fim o *'Friccional'* que deriva da mobilidade de mão de obra de modo circular.

Pode-se definir o desemprego pela duração do tempo de permanência do individuo nessa situação: Sendo de curta duração (< 12 meses), de longa duração (> 12 meses) e muito longa duração (> 18 meses).

Indivíduos que se encontrem desempregados, mas que não estejam no mercado de trabalho à procura de emprego são considerados inativos, que não são tidos em conta nas estatísticas oficiais do desemprego.

Desempregado de longa duração – Situação de desemprego com ocorrência em pessoas desempregadas há mais de 12 meses, que se encontrem inscritos nos centros de emprego e a manter uma procura ativa de emprego.

Desenvolvimento Comunitário – Esforço para o desenvolvido de uma dada localidade, através de políticas públicas e/ou sociais, com vista à resolução dos problemas sociais encontrados em localidades económica ou socialmente deprimidas, podendo ter a contribuição conjunta de várias ciências e saberes, bem como dos seus profissionais, desde o serviço social à psicologia social, passando pelas ciências políticas (da política social e poder local), demografia, sociologia aplicada, economia entre outros, somando-se as populações e associações locais como principais autores da concretização dos projetos a serem implementados.

Desenvolvimento sustentável – Conceito que visa uma mudança de paradigmas no modo como se aplicam as politicas públicas, como se gere a economia, as questões sociais, face aos recursos naturais e humanos de uma comunidade nacional, continental ou global, tendo em conta a necessidade de preservar o ambiente e a biodiversidade envolvente.

Por outras palavras, o desenvolvimento sustentável tem duas componentes vitais para o equilíbrio, uma é gerir para as gerações futuras, visão de viabilidade de longo prazo, outra é reparadora dos desequilíbrios causados pela ação da humanidade, nesse sentido visa a justiça social com equidade, a implantação do uso recursos naturais renováveis, visão de equidade social e de suporte ambiental do nosso habitat global.

O desenvolvimento sustentável, entende que o crescimento económico não pode ser feito a qualquer custo, a riqueza produzida hoje não é tudo, no entanto, a sustentação de um habitat natural e de um equilibro social para as próximas gerações é fundamental, tornando-se cada vez mais premente.

Desigualdade social – Desequilibro social, que devido à organização da estrutura económica e o modo como é feita a distribuição da riqueza, associado a aspetos de ordem política e cultural, que geram assimetrias que dificultam a coesão social e aprofundam o fosso que divide as classes sociais não só pela qualidade de vida, mas também pela dificuldade que as classes empobrecidas tem no acesso à saúde, educação, formação profissional e justiça, afetando a sua capacidade para a obtenção de habitação e qualidade de vida, mobilidade social, cultura e lazer.

As desigualdades sociais, eram tidas como um fenómeno típico de países, subdesenvolvidos ou em vias de desenvolvimento, hoje é um fenómeno presente nos países desenvolvidos, sobretudo após a crise do *Subprime* de 2008 nos EUA que afetou a economia global e forçou a implementação de medidas neoliberais nas políticas financeira e económica nos países europeus em detrimento do *Welfare State*.

Diagnóstico social – Levantamento de dados de uma dada situação socioeconómica do individuo, do grupo ou comunidade que solicitam o apoio social, é feita através de entrevistas, obtenção de dados sociodemográficos, clínicos, sociais e económicos, que permitem em primeira instancia avaliar a situação e elaborar um plano de intervenção social.

Direitos Humanos – Conjunto de Direito fundamentais que determinam a igualdade das pessoas em direitos e dignidade, direitos considerados naturais e inerentes, atribuídos a cada pessoa, defendendo as liberdades fundamentais de pensamento, expressão, e associação, bem como preconizam a igualdade entre as pessoas, não fazendo distinção entre género, etnia, cultura, religião, classe social ou formação.

Diretriz – Normas que estabelecem os procedimentos e a atuação a ser cumpridos dentro de uma determinada organização, pode ter caráter provisório ou permanente, tendo o intuito de orientar a atividade tanto dos profissionais do Trabalho Social de forma a obter-se os melhores resultados possíveis na resolução das problemáticas e no cumprimento das metas traçadas, procura orientar o contacto e a conduta a ter com o sistema cliente, bem como impõe aos clientes regras e condições para o acesso aos serviços e a utilização do equipamentos sociais.

Discriminação – Forma de exclusão social, explícita ou implícita, que visa diferenciar os indivíduos pelas suas características e diferenças étnicas, religiosas, culturais, políticas ou ainda de faixa etária ou género.

A discriminação é baseada em ideias preconceituosas etnocêntricas e tem como objetivo impedir o indivíduo no exercício dos seus direitos, ou no acesso a determinados locais e atividades.

Divórcio – Fim do contrato entre dois cônjuges, assistido ao abrigo da Lei e decretado por um tribunal, após acordo assinado entre as partes, situação pela qual, cada um dos dois se desliga da obrigatoriedade que o contrato do casamento os mantinha, podendo assim, contrair assim um novo casamento, após um tempo determinado por lei a partir da data da promulgação.

O divórcio é um dos principais motivos causadores do empobrecimento, se por um lado as causas do divórcio são dramáticas, como violência doméstica, adição entre outros fatores psicologicamente debilitantes, por outro o isolamento aumenta a vulnerabilidade, suscitando inúmeros pedidos de apoio socioeconómico e psicossocial.

Drogas leves – Substâncias psicotrópicas que por sua natureza não causam uma dependência imediata ou danos irreversíveis, embora possa-se afirmar que o tabaco ou mesmo o álcool, que são socialmente e legalmente permitidos, causam dependência e têm consequências para a saúde que podem ser tidas como irreversíveis.

São consideradas drogas leves, o haxixe, a cannabis, liamba ou erva e tranquilizantes, tais como os ansiolíticos, o álcool e até mesmo o café.

Drogas pesadas – As drogas que produzem uma maior dependência e um crescente aumento do consumo, cuja reversibilidade é de difícil tratamento, a dependência de tóxicos, tais como, cocaína, heroína, LSD, crack entre outras, são largamente conhecidas pelo risco de mortalidade em caso de sobredosagem

A maioria das drogas pesadas, tais como a heroína e a cocaína quando injetadas, são também causadoras da transmissão de doenças como a SIDA.

LETRA E

Economia informal – Atividades comerciais que são feitas à margem das regras legais, trata-se de atividades que vão do comercio de subsistência, como os vendedores ambulantes até à economia subterrânea de fuga ao fisco, pode também referir-se à exploração de mão de obra barata e forma ilegal, sem contratos e alienado dos direitos laborais, mas também pode ser a prestação de serviços sem o pagamento de contribuições fiscais e de segurança social.

Economia social – > Ver: *Terceiro Setor*

Educação – Aprendizagem ao longo da vida, que se inicia na primeira infância e permite ao individuo a sua socialização. Não raras vezes os termos educação e ensino confundem-se, mas a realidade é que estão relacionados.

Pela educação recebida no seio familiar e continuada no meio escolar, os indivíduos aprendem desde cedo as regras básicas da convivência do respeito e do modo adequado para a interação nos diferentes ambientes e eventos, nos quais decorra a atividade e interação social.

Trata-se também de um conjunto de aquisições e perceções intelectuais, culturais e psíquicas que se desenvolvem no indivíduo, auxiliando-o na construção da sua identidade e personalidade, continuadamente ao longo da vida da pessoa no desenvolvimento de competências. Por outras palavras é pela educação que se adquirem as capacidades de saber ser, saber estar e saber fazer.

Educação é um processo contínuo, que estende-se para além da escola, estendendo-se também à formação profissional e a outras atividades lúdicas, culturais e cívicas.

Se no passado havia uma idade certa para tudo, com a Revolução informática, ou a Terceira Onda com diz Alvin Toffler, o ato de estudar e de se aprimorar é uma das novas necessidades básicas do individuo, algo que terá de o fazer para toda a vida, num processo contínuo de informação e educação.

Eficácia – Adequação dos recursos materiais e humanos aos objetivos e metas estipuladas, para permitir os melhores resultados possíveis, evitando assim a dispersão de recursos e o desvio das metas.

Eficiência – Adequação dos mecanismos e técnicas ao processo de trabalho, evitando a perda de recursos escassos, permitindo realizar o processo de trabalho de forma a economizar tempo e a garantir a qualidade dos serviços realizados.

Emigração – Entende-se como o movimento de saída de cidadãos naturais de um país em direção a países terceiros, no qual se fixam, e passam a ser denominados nos países de acolhimento por > *imigrantes*, as razões podem prender-se a causas de ordem económicas, ambientais ou outras.

Empowerment – Técnica de Intervenção Social, cuja traduzindo do termo para a língua portuguesa significa empoderamento ou capacitação, ou seja, tornar uma pessoa capacitada e com poder para agir.

O objetivo desta técnica de intervenção é tornar o cliente (utente) o principal agente da sua mudança de vida e do meio social em que vive. Algo possível pela consciencialização, condição sine qua non, para a resolução das problemáticas existentes.

Emprego – Situação com contrato tácito ou explicito em que um determinado individuo vende os seus serviços (trabalho) a um outro individuo ou entidade coletiva, recebendo em troca a remuneração base e o conjunto de benefícios que se originam com a contratação.

Os vínculos contratuais, variam no tempo e na natureza dos mesmos, podem ser temporários com prazo determinado, sem termo ou ainda efetivos, quanto à natureza podem ser por mera prestação de serviços sem vínculos, ou com vínculos, este último pode requerer exclusividade do trabalhador.

Encaminhamento – Processo de trabalho burocrático do assistente social, no qual procura dar resposta às necessidades do cliente, enviando-o segundo a problemática apresentada para uma instituição adequada para a resolução de um problema ou a prestação de apoios às necessidades sentidas pelo sistema cliente.

Também é o atendimento perante as denúncias e os alertas apresentados pelos utentes ou cidadãos anónimos de ocorrências como violência doméstica, situações de vulnerabilidade entre outras situações anómalas.

Endogamia – Casamentos que se contraem entre indivíduos do mesmo grupo étnico, classe social ou religioso, cujo intuito é o de preservar a identidade cultural e a matriz genética do grupo, clã ou comunidade.

Entrevista social – Instrumento de obtenção das informações ou do diagnóstico da situação pela obtenção dos dados sociográficos, é o primeiro contacto entre o cliente e o interventor social no qual é analisada também, além das respostas textuais, a linguagem corporal e as atitudes do entrevistado durante a entrevista, dados esses que permitem corroborar as informações prestadas.

Envelhecimento ativo – Conceito novo, que defende a integração e a inclusão dos idosos na sociedade, de forma ativa, através de uma interação intergeracional, do renovar do papel do idoso na sociedade, como um elemento ativo, importante, válido e com um capital humano de suma importância para a manutenção e a partilha do saber.

O envelhecimento ativo é definido pela OMS, como a otimização das oportunidades de manutenção e melhoria da saúde, participação dos idosos na vida social e com consequente melhoria de qualidade de vida.

Envelhecimento populacional – É um fenómeno demográfico, ocorre nos países desenvolvidos, em que a dimensão etária perde a sua forma piramidal pela queda dos índices de mortalidade e simultaneamente de natalidade, a este fenómeno chama-se envelhecimento populacional no topo e na base, diminui a diferença entre a população menor que 15 anos e a maior que 65 anos.

Equidade – Conceito de simetria, no que concerne à Política Social é diferente de igualdade, visa a justiça social, por exemplo, pelos impostos à segurança social, que são cobrados pelo conceito de igualdade, 11% de descontos sobre a renda de todos os trabalhadores, que é pago em duas vertentes, um desconto direto ao trabalhador no seu vencimento e a Taxa Social Única (TSU) pagamento feito pela entidade patronal em nome do beneficiário. quanto à distribuição dos apoios sociais, são efetuados pelo critério da urgência e da necessidade, isto é, dá-se preferência aos mais necessitados em detrimento dos mais abastados.

A famosa frase de Karl Marx, *"De cada um consoante as suas possibilidades, para cada qual de acordo com as suas necessidades"* é claramente uma descrição do conceito de Equidade.

Equipa de Rua – Grupo de profissionais ou de voluntários, que trabalham na ação social fazendo uma intervenção direta com os as pessoas em situação de sem abrigo, levando-lhe alimentos quentes, agasalhos e cobertores, medicamentos e para os ouvir e conhecer a realidade dos sofredores de rua.

Equipamentos sociais – Estrutura construída ou adaptada para a acomodar respostas sociais e ou prestar serviços sociais à comunidade (como por exemplo uma cantina social, um banco de roupa, uma creche ou um lar para pessoas idosas).

Escola – Mais que instituição de ensino ou educação básica, a escola é o termo utilizado na sociologia, quando se fala do pensamento de um sociólogo, muitas vezes fala-se sobretudo da Escola onde surgem ideias e correntes de pensamento científico.

Escolaridade – Grau de aprendizagem obtido por um individuo no seu percurso de vida escolar, equivalente ao cumprimento de um ciclo de estudos e ao qual se afere as competências aprendidas pelos alunos.

Escolaridade obrigatória – Trata-se do grau mínimo exigível a um cidadão, através do qual, possa ser admitido para desempenhar funções de um determinado posto de trabalho. Cada país tem as suas regras de escolaridade obrigatória, sendo que em Portugal e no Brasil já é obrigatório a frequência até ao 12.º ano de escolaridade.

A obrigatoriedade muda, no entanto, no seu caráter de elegibilidade, ou seja, se para um dado cargo exige-se a escolaridade obrigatória, há que ter em conta a idade do candidato, isto é, para idades diferentes, existem graus de obrigatoriedade diferenciados, ou seja, adequam-se ao fator legal vigente no ano em que um dado candidato nasceu, tendo em conta o grau de escolaridade diferenciado do atual, logo, é efetuado conforme a data de nascimento de um individuo de acordo com as várias coortes.

Espaço público – Proveniente do conceito de *Ágora* da Grécia antiga, onde eram debatidos os problemas da sociedade, e onde se deliberavam as decisões. Todavia, na presente Sociedade da Informação, o Espaço Público é bem mais abrangente, é o local onde ocorrem as interações sociais, onde se desenrolam e desenvolvem os mecanismos da política, da economia, da cultura, da religião, de modo a que todos sejamos atores neste palco.

Será necessário dizer, que o Espaço Público, mesmo o que seja circunscrito a uma localidade ou cidade, tem a sua extensão também nas redes sociais virtuais na Era da Informação, pelo que hoje em dia, não há nenhuma organização empresarial, económica, social e política que não tenha em conta as redes sociais e que não ausculte nelas as tendências em voga.

Se por um lado a Rádio e a TV, foram no passado o grande espaço público, hoje o modo de se disseminar noticias, de se propagar uma ideia ou produto é maioritariamente feito pela internet, mecanismo que fez o mundo tornar-se uma mera aldeia, e os indivíduos em prossumidores, ou seja, produtores e consumidores em simultâneo.

Estado – Aparelho político que administra um país, dividido pelos poderes executivo, judiciário e legislativo, ao qual somam-se os organismos e instituições coadjuvantes que permitem reger as relações internacionais, o bom funcionamento da sociedade, quer seja pela produção de moeda, coleta de impostos e funcionamento da banca, quer ainda pela defesa e manutenção da ordem e segurança pública; o Estado é também o garante do sistema educativo fundamental, dos cuidados de saúde básicos, da construção e manutenção de vias, transportes públicos, entre outros a que se juntam o setor privado, sempre ao abrigo das regras, normas e leis vigentes.

Com o advento do neoliberalismo, o Estado tem vindo a ser reduzido ao mínimo nas funções, o que tem sido a causa do afastamento dos cidadãos das questões politicas, e sobretudo da descrença da viabilidade das suas instituições soberanas.

Estado Providência – > Ver: *Welfare State.*

Estágio – Grau de evolução em que algo ou alguém se encontra, é também sinónimo de fase, período de treino e aprendizagem, neste caso pode entender-se como o período probatório do final de um curso ao qual o aluno submete-se.

Assim os estágios curriculares, são os que se impõem como condição '*sine qua non*', para a conclusão de um curso, requerendo o exercício da atividade numa empresa por um período de tempo estipulado e sob a orientação de um tutor, concluído com a redação de um relatório, dissertação ou tese, de acordo com o grau de estudos a que se refere uma licenciatura, mestrado ou doutoramento.

Estereótipo – É uma imagem ou ideia generalizada, que se faz acerca de diferenças comportamentais e culturais de pessoas, grupos, etnias e povos, pelas suas crenças, atitudes; incide também e sobremaneira, sobre os comportamentos de género e preferências sexuais, ou seja, o modo como é esperada a conduta e a atuação de género de acordo com padrões sociais pré-determinados.

O estereótipo não é um preconceito propriamente dito, trata-se na maioria das vezes, de uma reação feita a algo que não se conhece ou compreende, que ocorre de forma inconsciente e involuntária, sendo fortemente influenciada pela cultura, usos costumes e tradições.

Estigma – É sinónimo de um rótulo social, de uma conotação social negativa e excludente, o estigma é uma forma clara de discriminação e desrespeito pelos direitos da pessoa visada.

Estratificação social – Trata-se do conceito sociológico que entende a mobilidade de classes sociais de indivíduos ou agregados, através da ascensão pelo enriquecimento ou pela aquisição de competências e atribuições, casamentos ou outros fenómenos, e também pelo declínio social provocado entre outros pelo empobrecimento.

No hinduísmo a estratificação era no passado construída pelo sistema de castas, que não permitia a ascensão dos mais pobres nem o declínio dos mais abastados. Embora o sistema de castas seja ainda uma realidade no hinduísmo, não é oficialmente aceite pela Lei da União Indiana, que é oficialmente um Estado laico, permitindo a mobilidade social a todos os cidadãos.

Estudo de Caso – É um estudo e uma técnica de Estudo das Ciências Sociais, abordando um caso específico. No Serviço Social é muito utilizado no acompanhamento dos clientes do inicio à conclusão do mesmo, permitindo um maior conhecimento, pelos dados biográficos, e as entrevistas, faz-se o gráfico da História de Vida, adquirindo-se conhecimento cientifico em Serviço Social.

Estudo piloto – É uma experimentação prévia de um estudo, feito com uma população alvo, cujo objetivo é comprovar ou conhecer como se poderá proceder num estudo definitivo para compreender determinado fenómeno social, nas ciências sociais e humanas com na sociologia estes estudos podem ser feitos através de entrevistas, inquéritos ou pela Observação Participante.

Etnia – Populações inteiras que partilham um mesmo conjunto de característica, que podem ir de raciais (físicas e biológicas), culturais, religiosas, linguísticas e históricas, perpetuando-se no tempo pelos usos, costumes e tradições.

Etnocentrismo – Conceito que define a atitude de um determinado grupo étnico entender-se a si mesmo como superior a todos os outros grupos étnicos, o etnocentrismo gera discriminação racial, religiosa. O Nazi-fascismo foi uma ideologia política dominante na Alemanha do III Reich, de Adolf Hitler, que entendia ser a raça ariana superior a todas as outras, e empreendeu o extermínio de judeus e de outras minorias étnicas nas câmaras de gás dos campos de concentração como o de Auschcwitz.

Exclusão informática – Conceito sociológico, que define a situação em que uma dada franja da população, vive sem o acesso aos meios informáticos da chamada Sociedade da Informação, estando assim alienados dos benefícios informáticos.

A esta exclusão dá-se também os nomes de exclusão digital ou infoexclusão, tanto pode ocorrer no meio rural como no urbano, e tanto pode ocorrer por razões etárias e culturais que não motivam as pessoas a aderir a estes meios de comunicação, como pode ser causado por razões económicas, o facto é que um dos prejuízos que se sente com a infoexclusão é precisamente o afastamento do mercado de trabalho e o isolamento social.

Justamente com o objetivo de combater a infoexclusão, vários governos têm debatido e promovido programas e políticas sociais e educativas, que visam criar uma Revolução Tecnológica e uma sociedade inclusiva.

Exclusão social – Situação a que algumas pessoas são submetidas, face ao afastamento do pleno Bem-estar social, quer pela incapacidade de aceder aos bens e serviços sociais, quer se traduza no empobrecimento gradual e com o consequente isolamento a que os sujeitos são votados.

O fenómeno é bastante complexo e ocorre na maioria das vezes por razões de caráter socioeconómico, da má distribuição da riqueza, de uma conjuntura económica negativa, do índice de desemprego que afeta os mais velhos, de um planeamento económico que não tem em conta as pessoas, de políticas públicas que desagregam a solidariedade social, mas também ocorre por razões de ordem social e cultural tal como a discriminação.

O mais grave nível de exclusão social, ocorre quando o individuo não consegue ter acesso à saúde preventiva, a uma habitação condigna, a uma formação promotora das suas qualificações, quando perde os apoios sociais, quando não há laços familiares e sobretudo quando é incapacitado de recorrer à justiça em condições de igualdade de direitos.

Exogamia – Casamento entre pessoas de diferentes grupos étnicos, culturais ou religiosos, oposto à endogamia.

LETRA **F**

Facto social – Termo da sociologia introduzido por Émile Durkheim, no qual define o facto social como sendo todo o fenómeno social que ocorre de forma objetiva e geral, ou seja, com objetivos abrangentes a toda a sociedade, de forma _coerciva_, e com caráter _exterior_ à vontade dos indivíduos.

Como exemplos de factos sociais temos o idioma que falamos, os usos e os costumes, a moda e o modo como nos vestimos, entre outros fenómenos de cariz político, cultural, religioso e jurídico.

Família – O conceito que segundo as sociólogas Saraceno e Baldini, afirmam, tratar-se da vivência em conjunto debaixo do mesmo teto, e que corresponde a um dos indicadores mais simples dos laços familiares,[7] já o sociólogo estadunidense Anthony Giddens, define como sendo o grupo de pessoas unido diretamente por laços de parentesco, aos quais os adultos assumem o cuidado com as crianças,[8] contudo, se por um lado trata-se de um conceito difícil de definir e variável na interpretação também na diversidade tipológica da família.[9]

---

[7] SARACENO, Chiara; BALDINI, Manuela. (2003) "Sociologia da Família" 2ª edição, Lisboa, Editorial Estampa.
[8] GUIDDENS, A. (2007) "Sociologia", Lisboa, Calouste Gulbenkian.
[9] Mihi – "A reinserção social de cariz" humanista", Lisboa, Edição

Família alargada – Agregados familiares nos quais vivem juntos dois ou mais núcleos familiares, como avós, pais, tios, netos. Tipo de família muito comum nas sociedades agrícolas do séc. XVII e que em alguns países era comum até finais do séc. XIX, no entanto ainda hoje podem haver alguns agregados destes.

Família de acolhimento – Agregado familiar que se disponibiliza a receber no seu lar, por um determinado período de tempo, crianças, jovens ou idosos, prestando-lhes assistência e cuidados. As famílias de acolhimento recebem apoios do Estado, uma das principais valências destas famílias é o maior e melhor cuidado para com idosos ou crianças e jovens que tenham sido retirados judicialmente aos pais biológicos ou adotivos, devido à existência um ambiente familiar e de relacionamento humano, que seria difícil reproduzir em instituições.

Família nuclear – Família tradicional, que é composta por mãe e pai e com um ou mais filhos a cargo e a viver no mesmo residência.

Família nuclear sem filhos – Casal em que os cônjuges, marido e mulher, vivam em coabitação e que não tenham filhos, situação cada vez mais comum na sociedade atual.

Família reconstruída – Nova união conjugal, na qual, pelo menos um dos cônjuges já tenha constituído família anteriormente.

Família unipessoal – Agregado composto meramente por um único individuo, as pessoas solteiras, viúvas ou divorciadas que vivem sozinhas. Termo de tipologia utilizado para fins estatísticos e comparativos.

Feminismo – Movimento de libertação que preconiza a igualdade de géneros, o feminismo tem um cariz político, social e cultural que se iniciou na luta pelos direitos políticos das

---

Createspace/Etcetera. Página 99.

mulheres, chamadas de sufragistas, e que lutavam pela libertação das mulheres pela consciencialização, mudando o paradigma cultural da superioridade e da hegemonia masculina que se fazia sentir em todos os domínios da sociedade.

Não obstante, após a conquista paulatina de alguns direitos políticos das mulheres, como a capacidade de elegerem e serem eleitas, o feminismo tem lutado pela plena igualdade entre homens e mulheres, consciencializando as pessoas pela educação desde a tenra idade, promovendo a sã convivência entre géneros.

Um dos pilares fundamentais é a luta contra a violência de género, no passado a vida privada de um casal era culturalmente intocável, de modo que nesse sentido as mulheres que sofriam violência doméstica estavam completamente desprotegidas, essa realidade foi comum até bem recentemente. Atualmente na maioria dos países ocidentais a violência doméstica é crime público, punível a todo aquele que a pratique contra o seu cônjuge ou outro familiar, (criança, idoso, mulher, homem, pessoa doente) quer por meio de agressões físicas, quer seja por agressões psicológicas; a pena é aplicável também às pessoas que, tendo conhecimento ou por negligencia não denunciem os crimes.

Fiscalização – É uma atividade, com duas finalidades, a primeira é preventiva, a segunda é corretiva, ou seja, evitar o mau funcionamento dos procedimentos da intervenção social, e corrigir os erros que por ventura existam.

A fiscalização pode ser direta, visitando os lugares ou indireta consultando os clientes e os agentes sociais.

Outrossim, a fiscalização visa controlar, prevenir as fraudes contra a Segurança Social, de pessoas que falsifiquem informações para receber indevidamente apoios sociais, sem que de facto tenham necessidade dos respetivos apoios.

Formação – Conjunto de educação, aprendizagem e ensino que um dado individuo adquire ao longo da vida, desde a tenra idade, iniciado no ambiente familiar, escolar, social e o profissional, é entendido também, como o conjunto de aptidões sociais que por sua vez são moldadas pelo caráter, a conduta, os princípios e valores.

Formação Profissional – Ação que visa aprimorar as competências e aptidões de um dado individuo ou grupo, com vista a dar-lhe ferramentas de conhecimentos e técnicas para o exercido de uma atividade profissional, tanto pode se destinar a pessoas em busca do primeiro emprego, como o aprimoramento de indivíduos empregados, e por fim, também para a reciclagem de desempregados que estejam a tentar mudar de área profissional.

As áreas são técnicas e setoriais, pode ser abrangente numa formação que compreenda disciplinas de aprimoramento das Novas Tecnologias de Informação TI's, línguas estrangeiras, nomeadamente inglês, ou ainda, o desenvolvimento pessoal na área do comportamento.

Formador – Profissional que orienta a formação profissional de formandos, transmitindo-lhes um conjunto de saberes teóricos e competências técnicas, quer em contexto presencial quer a distância, e que incidam sobre a sua área de formação académica ou técnica, o formador é um profissional qualificado pelo Certificado de Competências Pedagógicas (CCP/CAP) através de um Curso de Formação de Formadores.

Funcionalismo – Corrente da antropologia e da sociológica, que foca os aspetos sociais pelas funções que os fenómenos têm na orgânica social, bem com das funções que os agentes desempenham perante esses fenómenos e no funcionamento social. A teoria foi criada por Émile Durkheim, que aborda os *Factos Sociais*, que são gerais, coercivos e exteriores à vontade individual do individuo, desenvolvida por Talcot Parsons com o Funcionalismo Estrutural, como forma de analise e compreensão da interdependência entre as funções e as estruturas sociais.

Fundamentalismo – Corrente de pensamento radical com conotações políticas ou religiosas, de visão ortodoxa, cujos lideres defendem que não se deve desviar dos ideais, o qual promovem e disseminam aos militantes a sua doutrina.

O termo tem para o cidadão comum o significado de fanatismo, há, contudo, fundamentalismos de toda a ordem, devido aos acontecimentos no mundo árabe que após a Guerra do Iraque, fizeram surgir movimentos terroristas islâmicos, de diferentes correntes, mas todos tidos como fundamentalistas, não obstante há fundamentalistas cristãos, judeus e outras religiões, como fundamentalismos políticos que vão da extrema direita à extrema esquerda.

LETRA G

Gabinete – Sala na qual o trabalhador social realiza parte do seu trabalho de intervenção, nomeadamente as atividades burocráticas, bem como o atendimento de clientes, as entrevistas sociais, os contactos de encaminhamento, pode entender-se também um departamento ou um escritório.

Género – Termo de identificação, caracterização de algo, na sociologia género é entendido como a caracterização que um individuo faz a si mesmo no que se refere ao modo como entende a sua sexualidade, no entanto, o termo tem vindo a ser entendido como definição biológica da distinção entre masculino e feminino, homem ou mulher.

O conceito de sexo biológico é distinto de género, na medida em que o sexo biológico refere-se às características fisiológicas e biológicas, já o género é de cariz psicológico e social, contudo cada sociedade lida e entende de diferentes maneiras o termo género.

Geração (Coorte) – Termo aplicado na estatística e em particular na demografia, indicando o conjunto de indivíduos que fazem parte de uma mesma população alvo, na qual todos têm as mesmas características ou referências, como por exemplo o ano do nascimento, casamento, ou outro fenómeno dado no mesmo tempo ou espaço a ser estudado.

Gerontologia – Ciência que estuda os fenómenos do envelhecimento em diversas vertentes, psicológica, biológica e social, sendo por isso um campo multidisciplinar do conhecimento científico.

A gerontologia é uma ciência muito aplicada no Trabalho Social, não apenas pelo facto de se verificar a nível global o fenómeno do envelhecimento demográfico e os cuidados que o idoso requer, bem como nos aspetos sociais, mormente no processo de inclusão intergeracional e a promoção do envelhecimento ativo.

Gestão de Recursos Humanos – Departamento de uma instituição ou empresa, pública ou privada, com o objetivo de selecionar, contratar e de manter a gestão administrativa do pessoal interno, promovendo treinamento, formação, promoção na carreira, folha de pagamentos e o zelo pelo cumprimento das regras institucionais e legais cabíveis a cada uma das partes.

Atualmente os RH, desempenham um papel de proximidade e de apoio nas empresas, semelhante ao de ação social dos seus funcionários, nomeadamente em empresas de grande porte, oferecendo regalias adicionais como creches para os filhos, apoios e incentivos na formação escolar e universitária dos seus funcionários, seguros de saúde e os cuidados respetivos à Higiene e Segurança no local de trabalho.

Cada vez mais, a área de RH tem vindo a desenvolver-se, com profissionais altamente qualificados e departamentos que se tornam vitais numa empresa ou instituição, deixando de lado a prática de se contratar para os quadros de RH, os assistentes sociais ou advogados.

Globalização – A Globalização é o termo utilizado para definir a Nova Ordem económica mundial surgida nos anos 80, que incide em aspetos também culturais e que é acompanhado de grandes transformações sociais.

A globalização consolidou-se com a queda do Muro de Berlim, o fim do regime soviético e a criação da OMC Organização Mundial do Comércio (que sucedeu ao antigo GATT – Acordo Geral de Tarifas e Comércio), e por fim, a livre circulação de pessoas e bens no Espaço Schengen, tudo isto, acompanhado por um enorme desenvolvimento dos meios de comunicação, como as comunicações móveis e internet, facilitando um fluxo de informação nunca antes visto.

A globalização gerou transformações no comércio externo com o fim do protecionismo económico e aduaneiro, a partir daí facilitaram-se as transferências de capitais entre os Estados, gerando a internacionalização de grandes conglomerados multinacionais, ao mesmo tempo que se fortaleciam os Mercados Comuns, como a CEE, e acabando por mais tarde surgir a ASEAN, o Mercosul, a NAFTA entre outros.

Em suma a globalização é a internacionalização da economia, a partir dos interesses financeiros de grandes empresas, afetando alterações legislativas e constitucionais em diversos estados, alterações essas que permitiram a Entrada da China no mercado global e na economia liberal em Hong-Kong e Macau, mas vai mais além disso, as alterações de cariz profundamente liberal fragilizaram assim as leis de proteção social e laboral, tornando os órgãos políticos meros executores de interesses financeiros.

A globalização tem sido apontada como uma das causas da intensificação da corrupção a nível internacional, afastando o eleitorado dos governos eleitos, pondo em causa o funcionamento da democracia, por outras palavras, o sistema político acaba por inverter o seu papel de regulador do setor económico, para se colocar unicamente ao serviço dos grande conglomerados económicos, o que pode acarretar em alguns países, consequências sociais graves, como o desemprego, a emigração em massa, e o empobrecimento de largas franjas da população.

Outro problema causado pela globalização, é o afastamento do Estado em setores chave, nomeadamente na proteção social, o que faz com que a Ação Social seja exercida por entidades privadas, afetando a atuação dos profissionais do Serviço Social como agentes de transformação social, em meros executores de políticas sociais agrilhoadas às políticas públicas que por sua vez, são condicionadas pelos recursos financeiros.

Grupo de Autoajuda – Grupos de apoio psicológico mutuo, que se constituem por pessoas que sofrem de iguais problemas, como toxicodependência, alcoolismo, depressão, violência entre outros, um dos grupos mais famosos a nível mundial são os AA – Alcoólicos Anónimos, e cujo modelo é baseado em reuniões semanais em que os membros partilham a sua experiencia de vida, tanto das razões que estão na base do problema que vivem como do testemunho de ex-alcoólicos pelo testemunho de como ultrapassaram a sua dependência.

A grande vantagem destes grupos é o combate ao isolamento, pois ninguém isoladamente conseguirá facilmente ultrapassar os seus problemas, mas por outro lado, as pessoas têm maior facilidade em falar de si, partilhando a sua experiência conhecimento de causa.

Os grupos de Autoajuda, podem também ser formados por familiares, cuidadores, pais, cônjuges de pessoas que sofrem de determinados males (físicos, psíquicos ou de adição) e que partilham entre si, com o fim de se apoiarem e motivarem mutuamente, para lidar melhor com os problemas, ou mesmo poder ultrapassa-los.

Grupo de risco – Termo técnico aplicado em diferentes áreas científicas, sendo mais comum na área saúde, no qual o termo é definido como um grupo de pessoas, cujas características ou padrões comportamentais aumentam a probabilidade de contrair doenças, tais como com o VIH, ou a Hepatite B e C, contudo no que concerne às estatísticas ou estudo social de uma dada população, serve para indicar um grupo populacional através de uma amostra, que esteja exposto à probabilidade de adquirir por exemplo uma determinada doença, nomeadamente pela faixa etária, hábitos alimentares. No que concerne às ciências sociais, os grupos de risco centram-se no que tange ao risco de empobrecimento, delinquência, vulnerabilidade, entre outros.

Grupo étnico – Entende-se por grupo étnico um grupo populacional formado por indivíduos, que comungam da mesma língua, cultura, religião, tradições, usos e costumes, e que podem também ter características comuns, ou seja, os mesmos traços genéticos e biológicos.

Quanto a minorias étnicas, entende-se o que acima foi descrito, mas referente a um grupo de imigrantes, como por exemplo podemos referir o Reino Unido como um país multicultural, contendo várias minorias étnicas no seu espaço, como portugueses, indianos, chineses, que são minorias face à população autóctone anglo-saxónica.

O trabalho com minorias étnicas é cada vez mais um campo importante de atuação para o Serviço Social, sobretudo no que concerne ao acolhimento de refugiados, à integração de minorias étnicas, nomeadamente no mercado de trabalho e dos seus filhos no sistema de saúde e de educação do país de acolhimento.

Grupo minoritário – Grupo é um conjunto de pessoas que se reúnem com os mesmos objetivos, e partilham em comum uma identidade, cultural, politica ou filosófica, mas fundamentalmente tida mais como de cariz religioso.

É comum haver em determinados países democráticos a proteção de comunidades religiosas minoritárias como por exemplo os judeus que têm sofrido ataques na Europa com o ressurgimento do antissemitismo.

Serve também o que acima foi referido face aos grupos étnicos. > *Grupo étnico.*

LETRA **H**

Habitação social – Entende-se por habitação Social, a promoção da habitação a uma franja populacional empobrecida ou de baixos recursos, realizada através de políticas públicas e sociais.

A habitação social[10] é quando nos referimos a uma habitação a custos controlados, e também de um mundo vasto de conceitos, que vão da arquitetura urbanista à requalificação de bairros, mas também de urbanizações feitas por intervenção de políticas sociais que visam dar resposta a um crescente número de pessoas carenciadas que lhes falta o teto e os recursos.

A demanda da habitação social é bem maior hoje do que a oferta, devido em grande parte à crise económica que se agravou desde 2008 agravou-se com as medidas de austeridade que visavam corrigir os gastos públicos, todavia, acabaram por gerar um fosso social sem precedentes na História recente de Portugal, pois geraram o empobrecimento dos reformados e aposentados, aumento excessivo e vertiginoso do desemprego, forçando os jovens para a emigração em massa; sem recursos, as pessoas foram perdendo as casas que haviam comprado aos bancos, de tal ordem que o governo de António Costa viu-se

---

[10] Artigo do mesmo autor, "Habitação social e a crise económica" (2016) em *Etcetera – O blog humanista.*

obrigado a mudar as regras do jogo para salvar as famílias mais necessitadas e dos desempregados que acima dos 50 anos de idade já não conseguem encontrar emprego e aguardam uma reforma/aposentadoria antecipada, pelo que a procura por habitações sociais não parava de aumentar.

Os dados da Habitação social são drásticos, cerca de 80% é controlado pelas autarquias locais, que não tem vindo a construir mais habitação social por falta de fundos quer do governo central quer da UE. Sendo as principais cidades com habitação social Lisboa, Porto, Gaia, Matosinhos, Sintra, Coimbra, Amadora, entre outras.

A Habitação de Custos Controlados (HCC), é um tipo de habitação que tem um parque com 98% dos fogos (casas) habitacionais com mais de 30 anos, apenas um total de 11% foi construído entre 2005 e 2010, todavia, não oferece as condições desejáveis de conforto, ainda que os valores dos alugueis rondem em média os 40,00 € a 60,00 € mensais, segundo dados apresentados pela 'Gebalis' que cuida do parque habitacional de HCC de Lisboa.

Hoje, na Europa e em Portugal, mais do que nunca, devido ao envelhecimento populacional e ao empobrecimento da população com baixos rendimentos ou pensões, faz-se necessário ter em conta novas políticas sociais voltadas para a habitação, que estejam baseadas na reinserção e inclusão social.

Hipótese – É toda a formulação provisória e que se sobrepõe inicialmente a um dado problema, com vista a conhecer as causas de um dado problema social, familiar ou individual que se apresente ao técnico de serviço social, assim este trabalha os respetivos problemas mediante a hipótese que formula, e que serão corroboradas pelo levantamento de dados e informações, sejam de cariz demográfico, clínico, psicológico ou outro, dados que permitirão mostrar se as hipóteses se confirmam, e a partir do qual irá adequar os meios sociais existentes para dar resposta aos problemas apresentados.

História de vida – Método sociológico e antropológico da Escola de Chicago, muito utilizado em estudos qualitativos, e muito utilizado no serviço social, como fonte de obtenção de dados, e conhecimento de causas dos problemas apresentados pela comunidade, grupo, família ou um simples individuo.

As fontes de recolha deste tipo de método podem ser a entrevista, ou seja, a recolha oral, dados biográficos escritos (documental), é uma metodologia que permite ao técnico de serviço social uma melhor compreensão da realidade e profundidade de um problema pelo contacto humano e comparação dos dados e dos testemunhos.

É um dos métodos e técnicas de investigação em serviço social que em muito pode auxiliar o técnico na elaboração de hipóteses, ainda que hajam contradições ou espaços nebulosos na informação recolhida,

Homofobia – Homofobia é o termo utilizado para designar o preconceito contra pessoas homossexuais, isto é, pessoas que têm preferência sexual por indivíduos do mesmo sexo. A Homofobia é praticada não só pela segregação, exclusão, mas também por ataques morais e físicos.

A homofobia é tida na maioria dos países ocidentais e democráticos como crime

Homogamia – Homogamia é uma palavra cujo significado etimológico vem do grego, *homo* = o mesmo e *gamia* = casamento, ao contrário do senso comum, não se limita a casamentos entre pessoas do mesmo sexo, pois representa o casamento entre pessoas com característica em comum, como a mesma idade, o nível social ou a religião, entre outros aspetos.

Homossexualidade – Define-se como a atração, ou a preferência de uma pessoa para ter num relacionamento amoroso ou sexual, com parceiros do mesmo sexo. Apesar da conquista dos direitos pelo reconhecimento das *Uniões de Facto* ou mesmo do casamento com pessoas do mesmo sexo, os homossexuais ainda formam um grupo de risco social devido ao preconceito que ainda sofrem, não só no contexto social, mas na maioria dos casos no seio familiar.

O trabalho do assistente social, face ao homossexualismo é fundamentalmente o de lutar contra a discriminação, e nas escolas e comunidades, bem como a consciencialização, a denuncia de abusos e a violação dos direitos. > *Homofobia*.

Humanismo – Corrente filosófica, que preconiza a centralidade da pessoa humana nas decisões políticas, económicas, sociais, culturais, científicas e religiosas.

Por outras palavras, o humanismo é a filosofia que entente que todas as vertentes acima citadas, sejam instrumentos voltados para servir a humanidade no seu todo, promovendo o bem-estar, quer individual, familiar, social e comunitário.

O humanismo, é dentro deste pensamento uma das correntes do Serviço Social, cujo objetivo é a consciencialização do individuo / utente, como principal ator da mudança que necessita, mas também como pessoa humana consciente seja através da cidadania ativa, um agente da mudança para a comunidade em geral.

LETRA I

Idade – Termo que define um parâmetro de medida do tempo de vida de uma pessoa, quer seja desde o seu nascimento, a que se chama Idade Cronológica, quer no seu amadurecimento, Idade Psicológica; ou ainda no que concerne ao envelhecimento biológico que corresponde, propriamente dito, à idade biológica e fisiológica. Posto isto, pode-se aferir que um mesmo individuo pode ter diferentes idades.

Idadismo – Preconceito que ocorre pela discriminação das pessoas de acordo com a idade que têm, comummente são as populações mais velhas que sofrem o preconceito do idadismo pelo ostracismo e o afastamento da sociedade, sentindo-se colocadas à margem, todavia embora falte à pessoa idosa a vitalidade da juventude, o idoso não deixa de ser um membro útil na sociedade, sobretudo por o detentor de conhecimento e sabedoria, bem como o testemunho histórico da identidade e cultura da comunidade, que deve ser preservada e transmitida para as gerações mais jovens.

O idadismo também reflete-se no preconceito de idade de populações mais jovens, face ao mercado de trabalho, como é o caso dos jovens à procura do primeiro emprego ou em casos muito comuns onde pessoas adultas e em plena atividade que perdem o seu emprego, encontram-se numa situação de discriminação etária, sendo considerados velhos para o mercado laboral, mas estando impossibilitados de aceder à reforma/aposentadoria. Em ambos os casos urge politicas públicas de correção.

Iliteracia – Por iliteracia entende-se comummente que um individuo é iletrado, ou que a sua capacidade de leitura é reduzida, de modo a dificultar-lhe a interpretação de um texto.

Os graus de iliteracia variam desde o totalmente analfabeto, até um individuo que tenha tido frequência escolar e saiba ler e escrever, no entanto, sem que consiga interpretar um texto,

Iliteracia funcional – Trata-se de pessoas que sabem ler e escrever, compreendendo apenas palavras soltas, tendo dificuldade ao nível de operações matemáticas e de interpretação de textos, algumas dessas pessoas não conseguem compreender uma simples bula de medicamento, gráficos e nem os horários de transportes.

Imigração – Movimento de deslocação de um individuo, família, grupo ou população vindos de fora, para dentro do país de acolhimento, não se trata dos migrantes internos, de região para região, o imigrante é o oposto do emigrante, o nacional que sai para o exterior.

Os movimentos migratórios ocorrem por diversos motivos, dentre os quais a busca de melhores condições de vida, pode ser motivado também por catástrofes naturais, guerras ou perseguições políticas, étnicas e religiosas.

Inativo – Individuo com idade mínima de 15 anos e idade inferior à idade da reforma / aposentadoria em vigor, que se encontre desempregado, não estando inscrito nos centros de emprego e não esteja à procura de colocação no mercado de trabalho.

Inclusão social – Estratégias que os Estados adotam na área das políticas sociais com vista a erradicar a pobreza, as injustiças sociais, a desigualdade, e sobretudo visa a inclusão de todos os cidadãos na sociedade, pelo *Princípio da Não Discriminação*, patente no Estado de Direito, promovendo a integração, em particular as pessoas desfavorecidas por deficiência física, por pertencerem a minorias étnicas ou religiosas.

Indicador social – Um indicador é uma referência estatística, utilizada para traduzir em números uma informação quantitativa sobre aspetos da realidade social, por exemplo o grau de escolaridade de uma população, a empregabilidade entre outros dados aplicados às ciências sociais.

Índice – Medida estatística, que informa a dimensão de um dado elemento, fenómeno ou um item previamente estudado, por exemplo o índice da mortalidade infantil, mostra-nos o número de crianças de um ano de idade ou menos, que tenham morrido, por cada mil nascimentos, há índices para todos os fenómenos estudados, como o IDH, dados esses que permitem compreender a realidade social e definir o curso das políticas públicas e sociais para corrigir tais anomalias.

Índice de Desenvolvimento Humano – > *Níveis de Vida*

Individualismo – Tendência da pessoa a pensar em si, como algo semelhante ao egoísmo, o individualismo é acima de tudo uma filosofia baseada no ideal liberal, em que a vontade do individuo é considerada superior ao Estado, e que é por essa mesma vontade que os mais fortes definem o ritmo de desenvolvimento económico de um país, o individualismo está ligado ao liberalismo e entende-se que a liberdade do individuo é superior ao poder do Estado, porque este não é mais que a soma de todos os indivíduos.

Individualismo, enquanto doutrina política e económica é de certa forma contrário à solidariedade social exercida pelo Poder Central, opondo-se ao Estado Providência.

Do ponto de vista cultural e moral, o individualismo é uma tendência crescente nas sociedades modernas, em que há um corte com os valores morais antigos e também com os aspetos políticos, sociais ou religiosos, o individualismo enquanto conduta visa apenas o bem-estar do próprio individuo.

Indução – É o modo como em ciências experimentais, se obtêm conclusões a partir da observação da realidade, indo do mais particular ao geral, contudo também tem como sinónimo a persuasão e sugestão.

Inferência estatística A inferência estatística é um processo de raciocínio, semelhante à indução, é comummente utilizado para se estudar uma população pela sua amostra.

Inquérito – Utilizado em Ciências Sociais, como forma de se obter respostas a questões específicas, podendo ser feito por entrevistas orientadas pelo pesquisador, do conjunto de inquéritos é feito a análise de conteúdo onde se obterá uma resposta ou o ponto de situação que permitirá ao Assistente Social um plano de intervenção.

Institucionalização – Internamento de menores de idade em instituições de acolhimento, ocorre na maioria dos casos por motivos de orfandade, também aplicável em muitas situações, à perda dos progenitores face à guarda parental dos seus filhos menores, para a proteção dos mesmos face a situações de comprovada violência doméstica, dependência de álcool ou drogas, entre outros motivos que sendo analisados por um tribunal de família e menores, que determina qual o método de proteção melhor se aplica para a proteção dos menores.

Integração – Processo de tornar um individuo ou grupo, como parte de um todo maior, integrar vem do latim, e significa tornar inteiro, pleno, é um processo que deve ocorrer em duplo sentido, na sociedade que insere e no individuo ou grupo que é sujeito à inserção, isto porque pela integração é expectável ultrapassar os limites da mera tolerância, a qual requer métodos pedagógicos para consciencializar para os direitos humanos; em todas as áreas da sociedade há a necessidade de integrar, se falarmos de uma criança com alguma deficiência, falamos da necessidade de a integrar na sociedade e auxilia-la a ser parte do todo, se for um imigrante ocorre o mesmo, sendo que essa integração carece de compreensão de ambas as partes para que possa ocorrer de forma plena, a pessoa a integrar necessita de adaptação, o acolhimento necessita de consciencialização e informação, para que não seja obliterado o direito à diferença.

Inteligência emocional – Conceito da psicologia que é cada vez mais valorizado, esta relacionado com a capacidade do individuo compreender em si mesmo os sentimentos, bem como ser capaz de interpretar os sentimentos dos outros pela interação, está relacionada com a proatividade que é a capacidade de prever os problemas e agir antecipadamente perante os mesmos.

Interação social – A interação social é o envolvimento e a dinâmica que ocorre entre os indivíduos e os grupos que se relacionam entre si nos mais diversos aspetos da vida em sociedade, podendo ser positiva quando essa interação é pacifica e ser negativa quando gera o conflito por ser mal resolvida.

A interação tem como dinâmica a relação de indivíduos e grupos, normalmente funcionais, como os trabalhadores de uma fabrica, os indivíduos nos transportes públicos, um grupo religioso, politico etc.

Interacionismo simbólico – Abordagem sociológica surgida na Escola de Chicago, o interacionismo simbólico está relacionado com a > *interação social*, na medida em que visa dar-lhe significado através dos símbolos sociais e culturais que um grupo atribui a determinados valores, ou a princípios de conduta social que estão carregados de simbologia de aceitação, participação e pertença.

Intercâmbio – É o estabelecimento de relações recíprocas, pela troca de informação e pela parceria em trabalhos, projetos ou estudos. É também utilizado em ciências sociais na medida em que serve de recurso para a aquisição de conhecimento cientifico pela troca de experiências, sendo um método bastante útil também para o Serviço Social e os agentes a ele relacionados.

Interdependência – Um conceito em sociologia, que afirma que os indivíduos e a sociedade como um todo, ou a soma de todos os indivíduos, dependem uns dos outros, direta ou indiretamente, ainda que vivamos sós, necessitamos hoje de um conjunto de serviços que só é possível obter através de outros indivíduos, esse conceito abrange amplamente todos os setores da sociedade, que sejam económicos, políticos, culturais e ainda estruturais no que concerne às infraestruturas vigentes na sociedade.

Intervenção – Em serviço social, entende-se como intervenção toda a ação que visa dar resposta a um problema social, a uma situação de emergência de um individuo ou família e ainda responder a necessidades especificas de grupos ou comunidades, sendo estabelecida através de medidas de emergência cujo modo de atuação esteja previamente estabelecido, ou surgir de programas governamentais para casos específicos. De qualquer forma cabe ao interventor um papel importante na compreensão das causas para se evitar o ressurgimento dos problemas sociais.

Intervenção direta – É a intervenção que é feita diretamente entre o interventor social e o cliente, quer este seja um individuo, um agregado ou um grupo, tornando o utente um coautor do processo de resolução dos problemas, trata-se assim de uma relação de interação cara.

Intervenção em crise – Método de intervenção usado pelas ciências sociais como a Psicologia e o Serviço Social, trata-se de uma ação que visa responder de forma imediata às situações de urgência, necessitando de uma rápida resolução para dar o apoio material e também clínico e psicológico às vítimas de uma crise, em situações de acidentes, catástrofes, violência, entre outras ocorrências que imponham tal medida.

Intervenção indireta – Trata-se de uma intervenção que ocorre por organismos ou agentes terceiros, quer seja na origem do plano de intervenção, quer seja posterior ao ocorrido, é normalmente uma intervenção de gabinete, burocrática e de cariz decisor de um organismo.

Intervenção social – Processo social pelo qual, um individuo, grupo, organização, comunidade ou rede social, denominado de sistema-interventor, tornam-se recursos sociais ativos e promotores de mudança, perante outros indivíduos, grupos, organizações, comunidades ou redes sociais, que o sistema-cliente, tendo como finalidade ser suporte numa dinâmica de interação com as quais se irá suprir as necessidades sociais e permitindo a capacitação dos mesmos[11].

Intervenção psicossocial – Intervenção social que utiliza o método clínico como forma de análise de uma situação de risco, ou ainda de uma ocorrência já assinalada, os aspetos psicológicos do todo envolvido e do ambiente são importantes para a atuação do interventor e do relacionamento entre este e o grupo ou a comunidade.

Investigação participativa – Trata-se de uma investigação sociológica, em que o investigador participa juntamente com a população (amostra) em estudo, este tipo de investigação ocorre quando não é possível fazer-se um inquérito, e normalmente a população estudada não sabe que está a participar de um estudo, este método tem em muitos casos a desvantagem de o investigador sofrer a influência do grupo ou da análise de conteúdo ser posteriormente influenciada pelo viés do investigador.

---

[11] CARMO, Hermano (2008) "Intervenção social com grupos", Lisboa, Universidade Aberta.

Isolamento – O mesmo que afastamento, quer ocorra por iniciativa própria do individuo que se afasta do contacto social, quer seja por iniciativa do grupo, quer seja por iniciativa própria, do individuo que se afasta, em ambos os casos trata-se de um processo de exclusão que revela a incompatibilidade na dinâmica da interação social.

LETRA **L**

Lar de Infância e Juventude – LIJ – Instituição de acolhimento que sendo uma resposta social às necessidades de abrigo e proteção de crianças e jovens em situação de perigo, é também um equipamento social com esse fim, visando o melhor possível a integração social dos seus utentes.

Legitimidade – Condição de Direito que está estipulado pela lei no âmbito da sua ação, posse e usufruto, face a propriedades, serviços, condições ou cargos e funções, por exemplo o Estado tem a legitimidade·do exercício da defesa pública, não havendo a mesma legitimidade a um individuo por livre iniciativa.

Em serviço social, a legitimidade é importante no que concerne ao exercício da intervenção social diante de situações de risco podendo intervir de imediato, contudo em situações que não sejam de risco, ou que não tenha havido denuncia não há a capacidade de intervenção, porque carece de legitimidade jurídica para tal, só quando há a denuncia por exemplo de maus tratos seja a crianças, idosos, doentes, nos lares ou em casa, é que a Ação Social tem a legitimidade de intervir.

Liberdade condicional – Aplicação da pena de prisão em liberdade condicional, porque a condição é a parcialidade em que a mesma é exercida, ou seja, o individuo está em liberdade para trabalhar e viver na sua residência, ou em residência pré-determinada pelo tribunal, além disso o recluso não pode se ausentar do país, ficando obrigado a apresentações regulares à autoridade.

Este tipo de medida de detenção, é dada a reclusos que tenham bom comportamento durante o tempo de reclusão, e visa facilitar a reintegração social da população prisional.

Literacia – Capacidade de ler e de interpretar textos, bem como operações matemáticas, gráficos entre outros.

O grau de literacia está relacionado não apenas com o grau de desenvolvimento cognitivo de uma pessoa, mas também enquanto > *indicador social*, revela o grau de desenvolvimento de um país.

LETRA **M**

Macrossocial – Em sociologia é o termo que indica o grau de amplitude de um respetivo fenómeno social, ou seja, que abarque toda a sociedade.

Marxismo – Embora conotado com uma ideologia politica, o Marxismo é uma corrente do pensamento sociológico, visto que Karl Marx fez acima de tudo uma análise social do seu tempo, centrada na evolução histórica.

Mais precisamente Marx, fala-nos do fim da História à semelhança da dialética de Hegel, que entendeu ser a Revolução Francesa o ápice do desenvolvimento humano e da História, Marx contudo estudou a evolução das sociedades do ponto de vista socioeconómico, centrando-se na sua época e nas consequências da Revolução Industrial e do capitalismo nascente, Marx escreve em "O Capital" a dinâmica sociológica dessa época e das classes sociais, que se dividiam em proletários, que eram os que vendiam a sua força de trabalho, para sustentar a sua prole, e os capitalistas ou burgueses, que eram os detentores do Capital e dos bens de produção, o resultado desta dinâmica socioeconómica, era o empobrecimento do proletariado e o enriquecimento da classe dominante pela usurpação da mais valia.

Por outras palavras Karl Marx fez um retrato sociológico e

histórico da sociedade do seu tempo e das injustiças sociais que à altura não beneficiavam de nenhum apoio social, senão da caridade de algumas pessoas, e ainda assim meramente de cariz religioso.

Medidas – Decisões deliberativas ou atos normativos estipulados pelo poder político e patentes nas Políticas Públicas e Políticas Sociais, a fim de dar resposta a problemas específicos.

Menor – Pessoa cuja idade é inferior ao estipulado por lei para responder por si mesmo, e como tal, está impedido do exercício profissional que seria tido como trabalho infantil. Os menores recebem do Estado o direito de proteção face a situações de orfandade ou perigo.

Meios de comunicação de massa – Meios como televisão, rádio, jornais e revistas ou ainda a internet, que divulgam de forma ampla uma grande quantidade de pessoas, influenciando o público alvo em diversos aspetos entre os quais os hábitos de consumo, mas também a opinião e as tomadas de decisão.

Mesossocial – Termo da sociologia que se relaciona aos aspetos de média dimensão social, como comunidades grupos e empresas.

Metadona – Substância utilizada pelos interventores clínicos, na tratamento e desintoxicação de toxicodependentes, em particular nos dependentes de heroína e cocaína.

Método – Método é o modo ou por o caminho para se atingir um fim, é a maneira como em ciência se obtém o conhecimento bem como a transmissão do mesmo, com o qual a ciência se desenvolve.

Método dedutivo – É o método que parte da aplicação de uma teoria com o objetivo de confirmar se a mesma está correta, parte de determinadas premissas para a dedução lógica e desta para as hipóteses, continuando na recolha de informação, na observação e na comprovação das hipóteses gerando a inferência lógica.

Métodos de investigação – Os métodos de investigação variam consoante a natureza do estudo, a sua finalidade, o seu alcance e amplitude, assim podem ser de três tipos distintos, Métodos Qualitativos, Métodos Quantitativos e Métodos Mistos.

Os métodos qualitativos visam a compreensão dos factos, da sua causa e efeito; os métodos quantitativos em Ciências Sociais, visam obter a generalização de um fenómeno pelos dados adquiridos numa amostra.

Microssocial – É o oposto de macrossocial, ou seja, é a mais pequena dimensão social estudada, como família, os pequenos grupos e instituições ou empresas, face a determinados fenómenos sociais.

Migrações – Movimentação e deslocação de indivíduos e populações que ocorrem dentro de um país (regional) ou de um país para outro (emigração e imigração), ocorre por razões de ordem natural, catástrofes, secas, cheias, fatores económicos, bélicos (guerras) e perseguições políticas e religiosas, o caso dos refugiados sírios é paradigmático, trata-se da fuga de populações de um país em guerra, dirigindo-se de um continente a outro, e abrigando-se precariamente em campos de refugiados.

Minoria – Grupo que dentro de uma dada sociedade seja percentualmente pequeno, tais como os grupos étnicos, raciais ou religiosos em pequenos grupos ou comunidades dentro de um país, como por exemplo os curdos na Alemanha são uma minoria étnica, tal como os eslavos em Portugal ou os judeus no Brasil.

Minoria étnica – As minorias étnicas podem ser grupos de estrangeiros que residem num país de acolhimento, grupos raciais distintos dentro da mesma sociedade como os brancos na África do Sul, as minorias étnicas podem beneficiar de um determinado estatuto de proteção social, a fim de promover a integração dos mesmos na sociedade a que pertencem, muitos dos mais novos dos grupos sociais são naturais da sociedade onde vivem, contudo há países onde sofrem preconceitos por parte da maioria hegemónica.

Mobilidade social – A mobilidade social é a movimentação social, no que concerne à estratificação social, de indivíduos, famílias e grupos, ocorre pelo enriquecimento de uns e pelo empobrecimento de outros, estando ligada a fenómenos económicos e culturais, mas também à dinâmica social, em particular nas sociedades democráticas e liberais, este aspeto da sociedade também ocorria no comunismo soviético, cuja ascensão social dava-se pelos aspetos politico e educativo. Já no sistema de Castas da religião Hindu na Índia, a ascensão social era simplesmente proibida, sendo permitida, todavia por intervenção legal e pela laicidade do Estado.

Modelo de intervenção – Segundo Hernandez e Juarez, 2005: 62, a palavra modelo deriva do latim, *Modulus*, e o significado desta palavra é medida e comparação. Caparrós 1998: 129, afirma que um modelo pode ser entendido como um conjunto de princípios relativos a um campo definido por fenómenos ou experiencias, para serem aplicados na prática supõe uma simplificação esquematizada da realidade social, que por sua vez surja de uma teoria que se possa por em pratica.

Os principais modelos de intervenção têm diferentes dimensões sociais e são os abaixo assinalados:

- Modelo psicossocial:

- Modelo centrado na resolução de problemas;

- Modelo de intervenção em crise;

- Modelo centrado na tarefa;

- Modelo sistémico;

- Modelo radical;

- Modelo de modificação de comportamento;

- Modelos de organização comunitária

- Desenvolvimento local;

- Planeamento social;

- Ação social / política.

Modelo psicossocial – Destinado a indivíduos com uma problemática pessoal, de ordem psíquica e que interfiram com o seu ambiente familiar, laboral, educacional, ente outros. Este modelo visa promover a adaptação do indivíduo, por um conjunto de entrevistas que permitam identificar as causas do problema, neste modelo o interventor tem um papel preponderante na medida em que pretende tornar o cliente o principal autor da sua mudança.

Modelo sistémico – É o modelo que visa corrigir os defeitos de comunicação do cliente e do ambiente ou dos demais agentes envolvidos com o cliente, é utilizado maioritariamente nos casos de intervenção social. Aqui o interventor é um consciencializador e visa potencializar os recursos ao dispor do cliente e dos agentes. A relação com o cliente é horizontal ou seja de parceria.

Monogamia – Por monogamia, entende-se como a relação estável em que há um só parceiro, ou a situação conjugal em que um dos cônjuges ou ambos constituem uma só família e um só matrimónio. O contrário disto seria a bigamia ou poligamia.

Movimento social – Entende-se por movimento social, a participação popular no exercício da cidadania ativa, toda a causa organizada em torno de um objetivo especifico de cariz social, como a defesa e conquista de direitos, dividem-se em diferentes categorias, podendo ir dos movimentos agrários, profissionais, operários, até os movimentos raciais, movimentos ecológicos ou de igualdade de géneros. Contudo alguns desses movimentos tem um cariz fortemente político que os leva a concorrer a eleições e organizarem-se como partidos políticos, ocorreu isso com o PAN – Pessoas, Animais e Natureza, que era um movimento contra as touradas em Portugal, e transformou-se num partido politico.

Mudança – O conceito de mudança é fulcral no processo de resolução dos problemas apresentados pelo sistema cliente, é o foco dos modelos de intervenção social, que não pretende apenas amenizar um problema, mas sim transformar a realidade e resolver os problemas. Assim visa a mudança, todos os modelos, sobretudo o psicossocial, o centrado na tarefa e a modificação de comportamento têm como objetivo a transformação da situação.

Por mudança propriamente dito, entende-se a transformação do sistema cliente no que concerne à sua consciencialização como principal ator da resolução da situação vivida, seja a aquisição de novos hábitos, formação profissional, tornar-se agente da mudança para os demais membros da comunidade, entre outras formas de participação e transformação.

Multiculturalidade – Sociedade em que várias culturas convivem juntas dentro do mesmo espaço geográfico, sendo composta por habitantes autóctones e minorias étnicas, grupos religiosos maioritários e minoritários, formadas por autóctones e pelos imigrantes e os seus descendentes, contribuindo assim, para o desenvolvimento geral da respetiva sociedade, tal como ocorreu no Brasil, que é aliás, um dos exemplos de países multiculturais de língua portuguesa, e que se formou na miscigenação dos autóctones indígenas, com os portugueses no século XVI, os negros no século XVII e os restantes imigrantes chegados no século XX.

LETRA N

Negligência – Descuido, voluntário ou involuntário, a negligência é também a indolência, o abandono involuntário fruto da imprudência, a falta de atenção e cuidados adequados que se deve prover em termos de alimentação, segurança, educação e ambiente saudável aos membros de uma família, grupo, comunidade, em particular os mais frágeis.

A negligência pode ser considerada crime, se por algum descuido causar danos a terceiros, pessoas e bens, ocorre em qualquer um dos agentes sociais, tanto no âmbito político, partindo do descuido dos agentes dos organismos governamentais, mas também apresenta aspetos económicos e sociais, por parte de negligência dos demais agentes sociais como a comunidade, empresas e por fim até mesmo a família.

Um dos casos mais gritantes de negligência incide precisamente sobre a violência doméstica e a omissão de vizinhos e familiares, têm vindo a ser aprovadas leis que punem a negligência, pelo que a violência intrafamiliar e mesmo o assédio, tornaram-se um crime público que exige a intervenção imediata.

Nível de vida (IDH) – O nível de vida, é comparado pelos diversos países do globo, através do IDH Índice de Desenvolvimento Humano, que foi criado e desenvolvido pelo PNUD – Programa das Nações Unidas para o

Desenvolvimento, que acaba por dar aos respetivos países uma classificação de desenvolvido, em desenvolvimento e subdesenvolvidos.

Os critérios de análise comparativa dos dados estatísticos, procuram aferir os seguintes aspetos:

- Longevidade - expectativa de vida à nascença;
- Acesso ao Ensino - Nível de escolaridade da população;
- Grau de conforto - Renda Per Capita em dólares.

A partir destes dados, as politicas públicas e sociais, definem critérios de intervenção, podendo delimitar o grau de pobreza aceitável e definir qual é o rendimento que se pode dizer que um agregado encontra-se abaixo do limiar de pobreza.

Uma das características dos países desenvolvidos ou em desenvolvimento, é precisamente a mobilidade social, a ascensão das classes mais desfavorecidas ao ensino e ao mercado de trabalho para poder ascender de classe e criar-se uma sociedade mais justa, com melhor e maior distribuição da riqueza.

O IDH determina um coeficiente de 0 a 1, pelo que os que vão até 0,499 são países de fraco desenvolvimento humano, e os que vão de 0,500 a 0,799 tem um desenvolvimento bom, os que estão a cima de 0,800 são considerados países desenvolvidos.

Norma – Modelo, regra e princípio que estabelece uma conduta a ser tomada, nomeadamente por parte dos profissionais de atividade profissional específica, como os Assistentes Sociais.

A norma determina exatamente a atuação precisa em cada caso e situação específica, orientando o exercício da atividade e obedecendo a diretivas superiores, estando também relacionadas com a ética no exercício profissional da respetiva categoria.

Nova Emigração – A nova emigração é um termo que se aplica às diferenças estruturais dos novos emigrantes que partem em busca de oportunidades fora do seu país, em particular dos países em crise. O termo começou a ser usado em Portugal desde o surgimento da crise de 2008, data em que uma grande parte dos jovens portugueses recém licenciados partiram para outros países da União Europeia, Estados Unidos da América, Canadá, Brasil, mas também África, em particular Angola e Moçambique.

A emigração antiga, ou velha por analogia, era uma emigração sem formação, que ocorria numa época de grandes dificuldades socioeconómicas então sentidas em Portugal, desde o fim da II Guerra Mundial, e que se acentuara nos anos 60. Essa realidade contrasta com a nova emigração que é fundamentalmente composta por indivíduos com formação de nível superior que na sua maioria, dominam o idioma do país de acolhimento. Trata-se de uma emigração cujas razões são obviamente económicas, devido ao desemprego e à pequena dimensão do mercado interno português, mas tem como diferença a facilidade com que os novos emigrantes se adaptam e radicam no país de acolhimento.

Embora tenha-se salientado o exemplo português, há claramente uma diferença dos emigrantes de hoje, que tem mais acesso à informação que no século passado, contudo, mantém-se as razões básicas da emigração, como os aspetos, socioeconómicos, o desemprego, a pobreza e também as Guerras e perseguições.

Novas Famílias – Se no passado, as famílias definiam-se comumente pelo papel de géneros e diferenciavam pela dimensão do agregado, ou seja, famílias alargadas onde viviam mais de uma ou duas gerações no mesmo agregado, famílias nucleares e tradicionais, composta pelos progenitores e pelos filhos.

Atualmente há novos conceitos de famílias, como os casais homossexuais, em alguns casos com adoção de crianças, há crescente número de famílias monoparentais que são compostas por um dos progenitores e pelos filhos, passando pelas famílias reconstituídas, que são formadas por um casal em que um dos dois está numa segunda união conjugal, seja formal ou de facto, e no qual agregam-se os filhos de ambos, é popularmente denominado pela frase: "nós, os meus, os teus e os nossos".

LETRA O

Objetivos do Milénio da ONU – Programa das Nações Unidas, que visam pôr termo a um conjunto de problemas globais até 2050, são os seguintes oito itens.

1. Acabar com a fome e a miséria;
2. Garantir o acesso à Educação escolar para todos;
3. Igualdade de género e melhores condições para as mulheres em todo o Mundo;
4. Reduzir drasticamente a mortalidade infantil;
5. Melhorar significativamente as condições de saúde das gestantes;
6. Combater as epidemias e doenças contagiosas como a SIDA, a malária, febre amarela, entre outras;
7. Garantir uma melhor qualidade de vida e de respeito pelo meio ambiente;
8. Trabalho global pelo desenvolvimento humano.

Observação participante – Técnica de investigação em ciências sociais, na qual o investigador participa ele mesmo da pesquisa, misturando-se conjuntamente com um grupo, uma comunidade, ou mesmo a população a ser estudada, esta técnica é usada de diferentes modos, sendo que dos procedimentos de recolha de dados e informações é também previsível a possibilidade de haver a técnica de entrevista numa das fases mais avançada da pesquisa, na qual os membros da comunidade estejam mais adaptados à presença do investigador.

Neste tipo de pesquisa, o investigador a princípio pode não se dar a conhecer como tal, a população ou grupo pode não saber da existência de um estudo, no entanto a convivência no grupo faz com que o investigador receba a influência do respetivo grupo em que se inseriu, tendo de se adequar às normas e aprender os valores, os usos e os costumes da cultura relativa ao grupo.

Ocupação – Entende-se por ocupação o mesmo que tomar posse de propriedade que à partida não está no usufruto de ninguém, mesmo que haja putativamente um proprietário, legal; ocupar algo do qual não se faça prova de propriedade é ilegal, variando de país para país, todavia, no Brasil a ocupação tem o sentido de invasão de terrenos agrícolas (latifúndios) improdutivos, já na Europa, os motivos da ocupação prendem-se com a invasão de edifícios desocupados, sejam antigas fábricas, prédios ou habitações, o movimento *"Okupa"* desde o inicio da grande crise de 2008 tem vindo a expandir-se por toda a Espanha e outros países do continente europeu, devido a casais jovens e famílias sem possibilidades de comprar ou alugar casa, optam por ocupar espaços devolutos.

Em Portugal, há empresários, que permitem a ocupação de antigas fábricas ou armazéns, tendo em conta que o compromisso do ocupante é cuidar do imóvel, a diferença é que o imóvel não é desvalorizado por estar bem cuidado, ao contrario a degradação visível de um imóvel pode vir a desvalorizar todo um bairro à sua volta, algo aliás referido num livro intitulado de "Teoria dos Vidros Partidos", um livro de sociologia urbana e criminologia, escrito por George Kelling e Catherine Coles, que afirmam no seu estudo, que o abandono de um imóvel é o suficiente para a degradação de um bairro, isto porque começa pelo vidro partido, que dá sinal de incúria e abandono do imóvel, depois seguem-se os *graffitti* feitos pelas tribos urbanas, assim, os imóveis à volta começam a ser desvalorizados e os residentes com mais posses mudam-se de bairro, pelo que ficam apenas os mais pobres, como os famílias em situação de vulnerabilidade, idosos e desempregados, contribuindo para a degradação social do bairro.

Oferta de emprego – Disponibilização de uma vaga para trabalho, feita através de comunicado de uma entidade privada ou pública, direta ou indiretamente.

Organização Não Governamental (ONG) – Entende-se por ONG, todas as organizações que não sendo governamentais, todavia, não visam lucros, mas sim, prestar serviços à comunidade, essas organizações tanto podem estar registadas como sendo instituições ou associações e podem atuar no âmbito nacional, regional ou local ou internacional.

Há alguma confusão em relação às ONG's, pensa-se que somente uma grande organização humanitária que atue no exterior e que tenha grande visibilidade seja considerada uma ONG, na realidade até mesmo uma associação de rua, cujo fim a que se destine sejam sem fins lucrativos e pretenda prestar um serviço de apoio à comunidade nos mais diferentes campos de atuação, como cultura, ensino, cuidados a idosos, crianças, pessoas deficientes, animais, proteção do meio ambiente, defesa dos direitos humanos, reinserção social de ex-reclusos, imigrantes ilegais, refugiados, entre outros, será sempre uma Organização Não Governamental.

LETRA P

Papel social – Desempenho ou interação social que é exercido pelos indivíduos em sociedade de acordo com os grupos a que pertencem, da família em que nascem e das instituições onde desempenham a sua atividade profissional, escolar ou associativa, esse papel é estabelecido por um conjunto de normas e padrões que definem os usos e costumes, bem como princípios e valores determinados, será o pai ou mãe na família, o funcionário numa empresa, o aluno numa instituição de ensino ou mesmo os membros de uma associação desportiva, tornando o individuo um ator social, que desempenha vários papeis sociais distintos, e cabe a cada um dos casos uma finalidade específica, pela qual faz parte do processo contínuo da aprendizagem e socialização da pessoa e dos diferentes grupos envolvidos.

Paradigma – Termo de origem grega *Paradeigma*, que significa, literalmente, modelo, exemplo ou padrão, em epistemologia (teoria do conhecimento) o paradigma é tido como o exemplo típico que representa uma imagem ou um facto, também utilizado como um modelo ideal e valorizado no sentido de ser um exemplo a seguir.

Parentalidade – Parental é referente à mãe e ao pai, o conceito refere-se ao exercício e à vocação da paternidade e da maternidade no sentido do cuidado responsável, exercido por parte dos pais e mães perante os filhos, ou seja, é um termo que passa do vocábulo jurídico da guarda parental e dos direitos meramente legais, para a esfera da realidade familiar enquanto cultura do cuidado da família como o espaço dos valores, dos afetos e dos projetos pessoais alicerçados no lar.

Pedido de apoio – Ato em que uma pessoa solícita ajuda a um familiar, a um terceiro ou a uma instituição, para a resolução dos problemas suscitados, a situação é comummente sinalizada para o assistente social e a pessoa é reencaminhada para a resposta social que melhor se adeque à resolução do problema.

Pesquisa – Procedimento que o técnico social utiliza por meio de métodos científicos, como meio de obter as suas respostas, ou de testar hipóteses que tenham sido suscitadas um problema social, os resultados da pesquisa, confirmam ou não a teoria inicial, que está na Pergunta de Partida.

As pesquisas, visam conhecer a realidade social, de uma área e de uma população alvo, dados esses que permitem conhecer as causas do problema e definir políticas sociais.

Pessoa coletiva – Termo utilizado na economia e finanças públicas, que designa as empresas, associações, daí designadas por coletivas. No Serviço Social, são as instituições de solidariedade social.

Pessoa física – Em economia e finanças é como se designa todo o cidadão ou individuo como contribuinte, ou seja, é um assalariado por conta de outrem que paga os impostos, ou que recebe benefícios sociais, pode também ser um trabalhador autónomo ou empresário em nome individual.

Pessoa jurídica – Em Direito, todas as entidades coletivas, tanto as empresas, como as instituições e as associações de solidariedade social são denominadas de Pessoa Jurídica .

Pessoa singular – Toda a pessoa que adquire pelo direito a personalidade jurídica de ser detentor de direitos e deveres, ou seja, torna-se o portador de um compromisso social e jurídico para com a sociedade. O termo singular também é equivalente ao de pessoa física

Planeamento socioeconómico – Para Russel L. Ackoff, planear é "conceber o futuro desejado, bem como os meios de lá chegar", ou seja, o planeamento socioeconómico é um processo formal do governo nacional ou regional, onde se estabelecem objetivos para um equilíbrio das atividades económicas, permitindo o equilíbrio dos agentes económicos e a satisfação das necessidades sociais.

Por outras palavras o Planeamento socioeconómico não visa substituir ou impor-se aos agentes económicos, mas sim ser um elemento de equilíbrio, que oriente os mesmos agentes para as necessidades que a comunidade sinta, permitindo que as respostas sociais sejam efetuadas da melhor forma possível, utilizando os mesmos como recursos. As áreas de intervenção do planeamento socioeconómico podem incidir nas necessidades dos transportes púbicos, das comunicações, infraestruturas, e podem definir politicas de comercio interno e externo, emprego, educação, formação profissional, desenvolvimento de politicas estratégicas nacionais com impactos sociais e sobretudo também na habitação social e na reabilitação urbana, entre outros aspetos e áreas de atuação social e económica.

Plano de inclusão – Plano que faz parte de uma das fases de todo o processo de reinserção social ou de reabilitação de um indivíduo ou agregado. O plano visa estipular o tempo da duração do apoio solicitado pelo cliente, quais os apoios recebidos e define os procedimentos necessários para a inclusão/reinserção social que podem passar por procura ativa de emprego, formação entre outros.

Pobreza – Carência de recursos de um individuo ou agregado familiar, que se traduz pela limitação do acesso a obter melhores oportunidades de empregabilidade por falta de formação, perda gradual da qualidade de vida e limitação dos cuidados de saúde, carência de diversa ordem nomeadamente alimentação saudável, vestuário, deslocação, qualidade de habitação deficiente, acabando por condicionar a vida social do individuo pelo que a pobreza é fonte de > *exclusão social*.

Há também a incapacidade do acesso pleno à informação e à cultura, pelo que podemos entender a pobreza como um grave flagelo, no qual as condições de vida se agudizam na medida em que a situação de carência torna impossível a plenitude da vida da pessoa.

Pobreza absoluta – Define-se a pobreza absoluta, a condição da pessoa humana que não tenha sequer o mínimo necessário para viver, não se trata pois de baixos recursos e fraca alimentação, mas simplesmente a ausência de recursos mínimos necessários para fazer face às necessidades básicas.

Poder parental – Antigamente era designado por pátrio poder, com a igualdade de géneros a palavra muda de nome mas a sua natureza mantém-se, ou seja, é a guarda dos filhos menores a cargo, assim, o poder parental cabe tanto ao pai quanto à mãe dentro da família, e o tribunal é que decide a quem cabe em caso de divorcio, será um dos seus progenitores ou o pai ou a mãe ficam a viver com os filhos menores bem como a ter à sua responsabilidade os cuidados de saúde, alimentação, abrigo, segurança e educação.

Poliandria – Situação em que uma mulher contrai matrimónio com mais de dois homens vivendo em coabitação. A palavra deriva de *poli* = muitos e *andros* = homem

Poligamia – Situação em que um individuo (homem ou mulher) tenham como cônjuges em coabitação mais de dois parceiros, sendo especificamente definido como poliginia para os homens e poliandria para as mulheres.

Poliginia – Em certas culturas é comum haver homens que estejam casados com várias mulheres, na religião islâmica é permitida a poligamia com até quatro mulheres, outras culturas de origem africana também praticam a poligamia, na grande maioria dos países a poligamia é proibida, alguns emigrantes costumam levar as suas esposas para os países de acolhimento, registando-as como filhas adotivas ou sobrinhas.

Políticas públicas – Decisões estratégicas por parte do governo de âmbitos específicos e que se direcionam para desenvolver setores necessários aos interesses do pais e da sociedade em geral.

Nas políticas públicas é tido em conta não apenas as necessidades, mas os recursos disponíveis para que através do OE Orçamento de Estado se possam implementar as decisões que se tornam objeto de políticas públicas e permitam que se corrija as falhas existentes em determinados setores. As políticas públicas dividem-se por sua vez em políticas setoriais, como as políticas de educação, políticas de habitação, de saúde, e também as políticas sociais que são por sua vez as que se relacionam com a Ação e Solidariedade Social.

Políticas sociais – As políticas sociais emanam das politicas públicas, de acordo com os recursos financeiros da receita do Estado, destinam-se a dar resposta às necessidades sociais, nomeadamente o apoio social aos agregados em dificuldades, bem como o incentivo para o melhoramento de condições de acesso e equipamentos sociais.

As politicas sociais podem ser políticas mistas, como por exemplo as politicas de habitação podem num determinado tempo, ser também politicas sociais no caso de dar resposta a realojamento e requalificação urbana de zonas degradadas com vista à reabilitação de comunidades e grupos, podem ser também, politicas voltadas para o emprego, através de benefícios fiscais às empresas que empreguem por exemplo deficientes, ou adultos desempregados de longa duração, ou ainda beneficiar os contribuintes tais como as empresas e as pessoas singulares que ao fazerem donativos às instituições de solidariedade social recebem benefícios fiscais através de devolução dos seus descontos no imposto de renda por exemplo, portanto as politicas sociais, não visam apenas o apoio direto mas também o apoio indireto através dos incentivos e benefícios acima citados.

População – Nas ciências sociais, população é o conjunto de elementos que fazem parte do estudo, podendo ser estudado a partir de uma amostra da mesma população. Especificamente no Serviço Social, população pode ser tido como todo o conjunto de membros de uma comunidade a que se destina uma dada intervenção social, nomeadamente no que concerne ao Desenvolvimento Comunitário; Assim podemos afirmar que a população de uma instituição é o conjunto de todos os elementos que são apoiados numa dada instituição ou resposta social.

População alvo – É o conjunto de indivíduos ou grupos, denominado de clientes ou utentes, que correspondem ao perfil socioeconómico e psicossocial a que uma determinada instituição está vocacionada para prestar assistência social, estipulando as características elegíveis desse atendimento, como sexo, idade, necessidades sociais especificas, entre outros, dando prioridade às situações de desvantagem socioeconómica e de vulnerabilidade social em que os utentes se encontrem.

Como exemplo temos os sem-abrigo face às instituições de residências coletivas, cuja elegibilidade é não ter meios de subsistência e nem abrigo.

Práxis - Palavra de origem grega, que significa prática ou exercício de uma atividade profissional, e que está condicionada por um conjunto de normas e procedimentos específicos propriamente estabelecidos para se adequar às necessidades da respetiva atividade, mas também envolvidos por um código ético.

Preconceito – Uma ideia preconcebida, de cariz discriminatório face a tudo o que lhe é diferente, ou traduzindo-se na maioria dos casos pelo desprezo do outro devido às diferenças culturais, de etnia, língua, classe social, religião, preferência sexual, entre outros critérios de diferenciação que podem ir até à diferença etária e de género; atualmente a discriminação é considerada crime punível.

Procura ativa de emprego – Método de procura de emprego, previsto pelos sistemas de apoio social, que estão de acordo com as Políticas Ativas de Emprego em detrimento das Politicas Passivas e Emprego, a diferença entre ambas é que as políticas passivas, podem ser causadoras da permanência na situação de desemprego e logo de acomodação por parte do utente, ao contrário as primeiras, são radicais e tem cariz sancionatório.

A procura ativa de emprego está também patente na intervenção social, pelo que se estabelece no plano pessoal ou familiar de inclusão, este método de procura de emprego como condição *sine qua non* para que o utente possa continuar a beneficiar do apoio, provando assim que está a tentar mudar a sua situação.

Problema – Entende-se por problema toda a situação ou ocorrência que insira na vida do individuo ou da família, grupo ou comunidade um conflito e uma instabilidade, que mesmo sendo temporário necessitará que ter tanto quanto possível uma adequada e pronta resposta social.

Os problemas apresentados ao Assistente Social são encaminhados consoante a sua natureza ou origem, logo podemos estar a falar de necessidades de situações problemáticas como falta de habitação, desemprego, violência doméstica, doença e tantos outros exemplos.

Programa social – Programa social é uma iniciativa das politicas sociais do governo com um alvo especifico, ou seja visam dar respostas sociais a um problema e para tal definem os moldes do respetivo programa, como o âmbito, a abrangência, a duração de tempo, o modo de apoio se é pecuniária ou de outras forma etc.

Projeto Social – Plano de intervenção, que visa organizar os procedimentos a serem tomados, de acordo com os recursos disponíveis, com fim a cumprir um programa governamental, ou um simples programa de reinserção social entre os utentes e os organismos socio-assistenciais.

Proteção social – Entende-se por proteção social o sistema Estatal que visa dar apoio a todos os indivíduos que estando fora da idade ativa como sendo a infância e a velhice, recebem apoio do Estado como abonos para os primeiros e reformas ou aposentadorias para os segundos, bem como apoio aos indivíduos que em idade ativa estejam em situação de desemprego, esta última pode não ser abrangente a todos, visto que carece de um tempo mínimo de trabalho para auferir apoios pecuniários de subsidio de desemprego, mas poderão obter outro tipo de ajudas como formação profissional e requalificação, ou outros apoios sociais.

A todos é garantido também a proteção social no que concerne à saúde, em situações de doença, hospitalização, tratamentos e reabilitação, a proteção social é financiada diretamente pelas contribuições dos impostos dos trabalhadores e das empresas.

Protocolo – No Serviço Social, protocolo é todo o programa ou projeto social, efetuado através de um acordo entre duas ou mais instituições que buscam colaborar mutuamente, através da troca de informações, a partilha de recursos e o auxílio em rede, com o vista à obtenção de serviços, para poder através dos mesmos, oferecer apoios específicos aos clientes (utentes); muitos dos protocolos firmados entre instituições de solidariedade social e organismos públicos ou empresas privadas, visam dar respostas às necessidades dos seus utentes, através da requalificação profissional, da colocação no mercado de trabalho, entre outras necessidades sociais.

LETRA Q

Qualificação – Capacidade que uma pessoa ou um organismo tem no exercício das suas funções, entende-se também como sendo a capacidade ou competência para cumprir certos e determinados objetivos e funções, seja um cargo ou uma tarefa específica; a formação profissional de nível técnico ou académico visa dar a qualificação necessária para o exercício de uma profissão como por exemplo a de Assistente Social.

Quadro Social – Trata-se de uma análise de planeamento socioeconómico, feita de modo alargado, equivale a uma conjuntura, são tidos em conta para esta análise vários parâmetros, dentre os quais o desemprego, o aumento do custo de vida, a escolaridade, a conjuntura económica e os efeitos da mesma sobre as populações, em particular as mais empobrecidas.

Dos estudo realizado saem as politicas públicas e sociais e regionais, que procuram corrigir as assimetrias socioeconómicas das áreas deprimidas.

LETRA **R**

Racismo – Preconceito que um individuo sente frente a outro e incide sobre as diferenças raciais, étnicas e culturais, baseado em teorias de superioridade de uma raça sobre outra; no que concerne ao preconceito contra os estrangeiros é a ideia da apropriação da nacionalidade por direito histórico da origem, o nascimento no solo pátrio. Tem-se vindo a sentir nas últimas duas décadas um reavivamento desses ideais bem como a crescente influencia dos partidos de extrema-direita na Europa.

Reabilitação – Intervenção com o âmbito de reabilitar, ou tornar o utente novamente capaz e hábil em alguma competência ou funcionalidade.

A reabilitação pode ter características clínicas e terapêuticas, mas também sociais, educacionais e culturais, o desempregado que faz uma formação para mudar de área profissional faz a reabilitação das suas competências técnicas, para se tornar apto para o mercado de trabalho.

Reciclagem urbana – Entende-se por reciclagem urbana a requalificação de zonas degradadas e devolutas para serem novas áreas urbanas de habitação de agregados familiares, da instalação de equipamentos sociais ou do comércio e serviços para a população local.

Recluso – É todo o individuo que sofre a privação da sua liberdade, decretada por um tribunal de acordo com o que está previsto pelo Código Penal, o facto de um individuo ter cometido um delito e de ter de cumprir uma pena, não retira os seus direitos inerentes, bem como a necessária reabilitação para a sua reinserção social.

Rede Social – Trata-se dos vínculos que ligam os indivíduos e as organizações na sociedade, vínculos esses que se estabelecem inicialmente no seio da família e no inicio da socialização dos nos primeiros anos de escola, passando para a vida adulta através da atividade laboral e associativa.

O conceito de rede social no trabalho social é de suma importância, tendo em conta que tomar consciência dessa rede é a primeira ajuda a que um utente poderá recorrer, tal como familiares, amigos, vizinhos e instituições primárias, ou seja escola, trabalho, que são onde se pode pedir a ajuda numa primeira instância, pelo que a rede social sinaliza a ocorrência ou potencial situação de vulnerabilidade. Outro aspeto da rede social é o intercâmbio e a colaboração entre as inúmeras instituições de solidariedade social, fundamentais para o reencaminhamento de utentes consoante as necessidades dos mesmos. Por outras palavras a rede social não só é um mecanismo de apoio como um conjunto vasto de recursos.

Reforma – Também designado de *aposentadoria*, é a proteção social por parte do Estado, mais precisamente do sistema de Segurança Social, em que compensa monetariamente o indivíduo que se retira das sua atividade profissional por ter atingido a idade, os requisitos contudo variam de país para país, em Portugal a idade da reforma/aposentadoria são 67 anos, no Brasil são 65. Pode também haver a reforma por tempo de trabalho (descontos à segurança social) 40 anos, ou na impossibilidade de idade e tempo de descontos pode-se pedir a pré-reforma a partir dos 60 anos.

Reformado – Individuo que se encontra na reforma, o mesmo que *aposentado*.

Refugiado – Pessoa que devido a uma situação de guerra ou perseguições de cariz religioso ou politico, é forçada a sair do seu país e pedir asilo a um outro país. A situação pode acontecer em dimensões diferentes, indivíduos isolados, grupos, famílias e por vezes multidões de pessoas, sendo esta última a situação mais dramática, porque a capacidade de acolher essas pessoas torna-se menor, e assim, vivem em campos de refugiados em condições precárias.

O ACNUR – Alto Comissariado das Nações Unidas para os Refugiados, é o organismo da ONU destinado a dar apoio e proteção a todos os refugiados, havendo um Estatuto do Refugiado especificamente feito para garantir o respeito pelos direitos dessa população alvo, bem como na busca de soluções para o problema, que pode ir além do campo de refugiados pela integração no país de acolhimento, podendo ser ainda e após o desaparecimento da situação de guerra, o apoio para o retorno ao país de origem.

Reincidência – Ato ou efeito de reincidir, ou tornar a fazer o que é socialmente condenável, ou o que minimamente deveria de ser evitado, é o que ocorre por vezes a ex-reclusos que reincidem no crime, ou ainda os ex-toxicodependentes, os alcoólicos, os aditos em algumas substâncias ou hábitos que lhes sejam nocivos, assim, reincidir é tornar à situação de dependência.

Reinserção – Reinserir é o mesmo que reintegrar, seja no mercado de trabalho, por parte de um desempregado; seja na sociedade, face a um ex-recluso, seja uma reinserção terapêutica como de pessoas que tenham estado em isolamento, entre outros casos.

Por outras palavras, a reinserção social é dar ao indivíduo uma nova oportunidade para poder ser um membro ativo e útil à sociedade, sentindo-se parte da mesma.

Relação causal – Ou também relação de causa e efeito como é comummente falada, foi vista de diferentes abordagens por Karl Marx e Max Weber, o primeiro procurava a causa em cada fenómeno, o segundo a causa e o efeito em tudo, Émile Durkheim estudou em duas direções a relação causal, indo das causas ao efeitos e dos efeitos às causa. Aqui vimos que os estudos dos fenómenos sociais no Serviço Social podem ser feitos de forma ampla, estudando as causas dos fenómenos.

Relações formais – São relações estabelecidas por padrões comportamentais e funcionais de caráter burocrático, tendo a influência da hierarquia das posições de uns sobre os outros, ou por outras palavras, está relacionado à dinâmica administrativa e vertical de uma instituição ou empresa e desvinculada dos laços afetivos. Normalmente este tipo de relações está associado ao mundo do trabalho.

Rendimento – Esta palavra provém do termo "rentabilidade", ou seja o rendimento é aquilo que se obtém após um determinado esforço, seja físico ou intelectual, e corresponderá tanto quanto possível às expectativas iniciais, logo só haverá rendimento se o que se esperava de determinado esforço tenha sido atingido dentro de determinados critérios pré-estabelecidos. Caso tenham ficado aquém do desejado, não haverá rendimento.

O rendimento é também tido como o valor auferido por um trabalhador após o exercício da sua atividade profissional, caso o valor do seu trabalho seja inferior às suas necessidades, há claramente a sensação que não houve rendimento face aos esforços investidos pelo trabalhador. Ainda que tenha sido pago, o mesmo nunca considerará como rendimento algo que não pode suprir as suas necessidades, mas pelo contrário torna-se prisioneiro de um baixo salário e afetado por uma situação de dependência e pobreza.

Residência coletiva – Equipamento social, pertencente a uma Instituição de Solidariedade Social, com o intuito de dar como resposta social o abrigo a pessoas carenciadas em situação de crise, vulnerabilidade, vítimas de perseguição e de violência doméstica, ou ainda após a ocorrência de acidentes como fogos inundações ou outras calamidades.

As residências são geralmente estipuladas para maiores de idade e apenas um dos sexos, ou feminino ou masculinas e têm um tempo de duração previamente estipulado de acordo com os estatutos da instituição.

Resposta social – É o termo técnico que designa todo o esforço, serviço ou recurso que se destina a dar apoio ou a colmatar uma necessidade premente de um utente, como exemplo pode-se afirmar que uma cantina social visa dar resposta às necessidades de alimentação de pessoas e agregados familiares em situação de clara vulnerabilidade social e carência alimentar.

As respostas sociais dividem-se por categorias, tais como a distinção de idades, a especificação da problemática apresentada, as necessidades intrínsecas, a abrangência geográfica e de acordo com os moldes em que se desenvolve. Podendo obviamente ainda haver outros critérios de acordo com as instituições que se prestam a dar tais respostas sócias.

Responsabilidade social – Cada vez mais, as empresas privadas, tomam consciência da sua importância no todo global, e preocupam-se em ser não apenas um agente económico, mas sim, ser um agente envolvido com o meio, a sociedade e o seu pessoal, visando o bem-estar tanto o público interno (trabalhadores) como o público externo (clientes e os restantes agentes sociais).

Ao público interno respondem com respostas sociais, tais como o apoio nas deslocações de casa para o trabalho e vice-versa, minimizando a situação de stress e o tempo perdido nos transportes públicos bem como contribui indiretamente para combater a poluição, para o público externo tenta envolve-lo em iniciativas de caráter social, dando apoio a instituições de solidariedade social, em campanhas de consciencialização, angariação de fundos.

A responsabilidade social nas empresas ou corporações visa também em muitos casos contribuir através da coresponsabilidade das empresas, terceiro setor e organismos públicos, para um melhor ambiente na comunidade em que está inserida, reduzindo o impacto no ambiente.

Ressocialização – É um processo tanto de reintegração social, como de reinterpretação por parte do próprio individuo perante a realidade social em que se encontra.

Quanto à reintegração, entende-se como a adaptação do individuo à sociedade ou comunidade, pela aceitação de condições que não foram escolhidas pelo próprio, portanto, parte da aceitação das normas vigentes em sociedade e da interpretação da realidade em que vive, logo é uma ressocialização passiva.

No que concerne à reinterpretação, trata-se da capacidade de adaptação da pessoa perante a realidade em que vive; pelo que os indivíduos adaptam-se à medida que compreendem a dinâmica social e os valores, os usos e os costumes, que por sua vez, também são aceites, mantidos e reforçados de geração em geração, logo é uma ressocialização ativa.

Risco social – > Ver: *Vulnerabilidade Social*

Rótulo social – Pode-se definir-se o rótulo social como um estigma, por meio da adjetivação excludente do individuo, pela qual se agrava a situação de opressão, os rótulos sociais são mantidos por meio de preconceitos e pela relação de poder e subordinação social, são vivenciados de forma dramática por ex-reclusos, homossexuais, desempregados e inativos, entre outros, que vivem a situação da rotulagem social como um estigma que não os permite serem pessoas na sua plenitude, para além do rótulo.

LETRA S

Sanção – No Direito e na Justiça, o termo significa tanto uma decisão jurídica, como um determinação penal ou uma condenação, pelo incumprimento de uma ordem legal, há aspetos que na Ação Social por parte do Estado, têm cariz sancionatório, um exemplo claro é o facto de se determinar a guarda parental de crianças menores, outra é penalizar os cidadãos que prestem informações falsas para beneficiar indevidamente de apoios pecuniários, ou o desempregado que receba subsidio desemprego ao mesmo tempo que exerce uma atividade profissional paralela, ou seja, atos que defraudam o Estado, pelo usufruto indevido de recursos e em prejuízo da comunidade.

As instituições de solidariedade social, também têm nos seus regulamentos e procedimentos internos, um conjunto de regras a ser observadas, e a aplicação de sanções em casos de incumprimento ou falta grave para com as obrigações.

Segurança social – > *Proteção Social*

Sem-abrigo, pessoa – Individuo que se encontra em situação de grande vulnerabilidade pela falta de abrigo, encontrando-se em grande risco à sua segurança e saúde.

A Caritas portuguesa, definiu como sem-abrigo (sem-teto), todo e qualquer individuo que vive em espaços públicos, sem paradeiro definitivo e abrigados em abrigos precários.

Serviço de Apoio Domiciliário (SAD) – Resposta social dada por algumas instituições, no âmbito de apoio à terceira idade, incluindo o cuidado de idosos acamados.

Os serviços prestados podem ser alimentos quentes e confecionados, limpeza de casa e roupas, fisioterapia, terapêutica médica e a higiene do doente

Serviço Social – A *APROSS* define o Serviço Social como uma atividade profissional de intervenção e uma disciplina académica que promove o desenvolvimento e a mudança social, a coesão social, o empoderamento e a promoção da Pessoa.

Os princípios de justiça social, dos direitos humanos, da responsabilidade coletiva e do respeito pela diversidade são centrais ao Serviço Social. Sustentado nas teorias do serviço social, nas ciências sociais, nas humanidades e na cultura e sabedoria popular, relacionando-as pessoas com as estruturas sociais para poder dar resposta aos desafios da vida e à melhoria do bem-estar social.

Serviço Social de Casos – É a intervenção social, que tem como objetivo a melhoria das capacitações do individuo e a resolução das problemáticas individuais, tendo como resultado a melhoria das condições sociais, é uma abordagem de cariz personalista, centrada no individuo, sendo este parte de um todo social, o processo de resolução dá-se em ambos os sentidos, interno e externo.

Serviço Social de Comunidades – É a intervenção social, que tem como objetivo a melhoria da realidade social, o gene desta intervenção, segundo Maria J. Núncio[12], está na influência sofrida pela industrialização e a urbanização e dos

---

[12] NÚNCIO, Maria J. (2010) "Introdução ao Serviço Social" pp123, Lisboa, Edições ISCSP.

problemas sociais que influenciam os grupos, famílias e indivíduos. Pelo que entende-se nesta abordagem, que a intervenção deve focar nos aspetos comunitários para promover mudanças para se atingir a coesão social.

Serviço Social de Grupos – Trata-se de uma abordagem de intervenção, em que o foco centra-se no grupo como promotor de uma mudança em dois sentidos, uma individual de cada um dos membros, outra no coletivo. E uma intervenção pedagógica libertadora, na qual os indivíduos desenvolvem as suas competências sociais.

Sinalização – Ato de apontar uma ocorrência social, uma situação de vulnerabilidade, o mesmo que informar a respetiva situação aos organismos competentes, instituições de solidariedade social e os demais órgãos públicos voltados para a proteção social.

É muitas vezes graças à informação prestada por vizinhos, familiares e amigos, que pessoas incapacitadas até de pedir ajuda nos momentos mais difíceis conseguem assim obter ajuda e ser socorridos.

Sistema cliente – Em serviço social define-se como sistema cliente todo o conjunto de utentes. Esse novo conceito surge da ideia de que os clientes são, através dos seus relacionamentos sociais, uma rede que pode tornar-se um recurso de auxilio a outras pessoas em situação de vulnerabilidade.

Comummente utiliza-se a designação 'utente', mais recentemente os assistentes sociais preferem o termo 'cliente', pois o processo de ajuda requer um acordo estabelecido entre as partes, o cliente (utente) que solicita apoio e a instituição que dá as respostas sociais, há assim um período e uma série de procedimentos que têm que ser cumpridos, para que por meio do projeto se atinjam os objetivos traçados.

Sistema interventor – Por analogia ao sistema cliente, o sistema interventor é também uma rede social de instituições e indivíduos, que colaboram entre si, na partilha de recursos e de conhecimento, promovendo as respostas sociais ao sistema cliente, mediante um acordo estabelecido entre as partes.

Socialização – Processo de aprendizagem de uma pessoa com vista à sua adaptação, aceitação e integração na sociedade, a socialização é um processo que se inicia logo à nascença, no contacto com os pais e irmãos, mas também com os demais, num processo que tem inicio, todavia, não termina, é algo que está em contínua aprendizagem e adaptação ao meio, ao grupo e à sociedade.

Sociograma – Gráfico com informações relativas ao conjunto de relações sociais e relações de grupo ou de um agregado familiar, que permite a contextualização face à problemática apresentada, e permitem a compreensão da dinâmica que envolve o grupo ou o agregado, o sociograma é uma técnica e uma ferramenta muito útil no serviço social, equivale a um mapa que nos mostra as relações e permite analisar o grau de interação que pode haver entre os membros de um grupo.

Sociologia – Ciência social que estuda os fenómenos sociais, o modo como o Sobre-humano se relaciona e se organiza em sociedade, ou por outras palavras, a interação dos indivíduos e dos grupos humanos entre si e no seio das instituições, influenciando-as e recebendo delas a influencia, estuda ainda a estratificação das classes sociais, entre outros fenómenos como os conflitos, o comportamento dos indivíduos nos diferentes contextos sociais.

O Serviço Social, não sendo uma ciência pura, obtém da sociologia o conhecimento cientifico e a técnica como a base por excelência do Trabalho Social, nomeadamente na sociologia aplicada, da qual recebe respostas precisas para as grandes questões com as quais os trabalhadores sociais poderão delinear as estratégias de intervenção.

Solidariedade social – É entendido como sendo a ação conjunta dos indivíduos, dos organismos e instituições e toda uma vasta rede social de uma dada sociedade, que se mobiliza para resolver os problemas sociais prementes, que surjam em situações de emergência, crise e catástrofes. Todavia, há uma enorme quantidade de organizações (ONG's) que se destinam precisamente à solidariedade social, tanto na sociedade em que se encontram como noutros países em que é preciso o auxílio de pessoas capacitadas para tal, meios e recursos.

Sondagem – Sondagens são estudos sociais ou de mercado, feitos através de um inquérito ou entrevista estruturada ou semiestruturada, com o objetivo de conhecer a opinião de uma população específica, sobre um produto, um serviço prestado, uma tendência, etc.

Todavia uma sondagem pode ser utilizada para avaliar a implementação de programas de politicas públicas e sociais, conhecer o impacto das mesmas na população e comparar a eficácia das respetivas políticas, bem como conhecer as tendências eleitorais e as posições políticas.

Subsídio – Apoio monetário, de cariz social atribuído pelo ou uma entidade estatal ou privada, para colmatar situações de vulnerabilidade social a pessoas ou famílias, quer seja em situação de desemprego, doença, velhice ou carência económica. Os subsídios podem ser também atribuídos por organismos financeiros, para a criação de emprego e desenvolvimento local e comunitário.

Subsídio desemprego – Apoio social no desemprego, pago pela Segurança Social aos desempregados que tenham trabalhado um período mínimo de doze meses, o tempo para a atribuição deste apoio social, que pode variar consoante o tempo de descontos efetuados e a idade do trabalhador à altura que ocorreu o inicio da situação de desemprego.

Trata-se de um apoio social, que é recente nas sociedades modernas, em Portugal foi instituído em 1975, no Brasil foi instituído no fim dos anos 90.

Suicídio – Ato pelo qual uma pessoa, em situações de grave conflito decide por termo à sua vida, o suicídio é considerado por Émile Durkheim como um facto social, ou seja, não ocorre isoladamente no sujeito, mas ocorria também porque o sujeito sofre influencias da sociedade, embora claramente há o fenómeno de depressões, psicoses, e situações de desespero que levam o individuo ao suicídio. Segundo dados de 2015, levados a público pela OMS, aproximadamente 800 mil pessoas cometem suicídio a cada ano em todo o mundo.

LETRA T

Terceira idade – Define-se pela OMS como sendo as pessoas acima dos 65 anos de idade nos países desenvolvidos, ou a partir dos 60 nos países em desenvolvimento.

O idoso tem vindo a ter uma maior importância, na medida em que a expectativa de vida tem aumentado em todo o mundo, a longevidade gerou uma chamada Quarta Idade, de pessoas acima dos 80 anos, hoje cada vez mais há nos países desenvolvidos, um crescimento considerável de empresas destinadas aos cuidados com os idosos.

Terceiro Setor – Em economia, define-se terceiro setor, como o conjunto de empresas ou instituições que exercem atividades de cariz social e solidário sem fins lucrativos.

O primeiro setor é o público, não procura obter lucro, mas sim dar respostas às necessidades básicas de um Estado, como a saúde, educação, defesa, transportes, infraestruturas e proteção social, formado por organismos e instituições governamentais ou empresas ligadas ao aparelho estatal, quanto ao segundo setor é o privado que visa fundamentalmente o lucro, e está presente em todos os ramos de produção e da atividade económica, como o primário (extração, agricultura e pescas), o secundário (industria) e terciário (comércio e serviços).

Tolerância zero – Termo aplicado pelas autoridades, que definem o grau de tolerância à infração a uma lei, sendo neste caso, tolerância zero a definição que não será tolerado pelas autoridades o incumprimento de uma lei, norma ou regra.

Trabalhador social – Ver *Assistente social.*

Trabalho doméstico – A SSP Segurança Social Portuguesa define como a pessoa que exerce uma atividade para outrem, cujo objetivo é satisfazer as necessidades de um agregado familiar, e cujas atividades centram-se em cuidados de limpeza e higiene do lar, preparação, confeção e armazenamento de alimentos, cuidar de idosos ou crianças, jardinagem, tratar de animais entre outras tarefas semelhantes prestadas dentro do lar do contratante.

Trabalho informal – Exercício de uma atividade profissional sem contratação escrita estipulada entre ambas as partes, o contratante e o prestador, este tipo de atividade pode apresentar duas características, trabalho ilegal utilizando mão de obra clandestina, e aqui trata-se de uma infração legal de apoio à imigração ilegal e tráfico humano e também fuga ao fisco (impostos), a outra característica é o trabalhador liberal, (freelancer) que exerce a sua atividade por tarefas, ou seja um prestador de serviços sem vínculo contratual.

Trabalho Infantil – Situação condenada oficialmente pela lei na grande maioria dos países ocidentais, contudo, ainda é uma realidade que deve ser combatida, a Organização Internacional do Trabalho está emprenhada no combate a essa prática, pela convenção 138 da OIT, onde os estados signatários comprometem-se a abolir o trabalho infantil e a considera-lo como uma nova forma de escravidão, sendo claramente uma situação extremamente dramática, pelo que a idade mínima nessa convenção ficou fixada em 15 anos.

Transição demográfica – Fenómeno relacionado com as mudanças que ocorrem na pirâmide das idades de uma dada população, normalmente os países em desenvolvimento têm uma pirâmide perfeita, os países em transição apresentam uma forma irregular na pirâmide e os países desenvolvidos apresentam uma forma retangular na vertical, em que se entende que há um claro envelhecimento populacional no topo (terceira idade devido à queda da taxa de mortalidade) e envelhecimento na base, devido à queda da natalidade.

A pirâmide é construída da seguinte forma, no topo temos as idades mais altas, na base temos as idades mais novas e os recém-nascidos e bebés até um ano; do topo à base, há um conjunto de idades variantes, de um dos lados coloca-se a população do sexo feminino e do outro a população do sexo masculino, cada qual com os respetivos dados populacionais, de notar, que o sexo masculino é maioritário à nascença até mais ou menos os 12, 13 anos, onde a mortalidade masculina começa a se acentuar, a partir daí o índice da população do sexo feminino é maioritário.

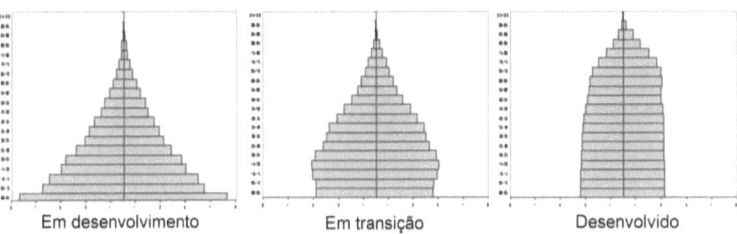

Em desenvolvimento   Em transição   Desenvolvido

Transição de saúde – São períodos de transição entre a saúde e a doença, vividos na maioria dos casos por pessoas idosas em processo de contínuo envelhecimento e perda da sua qualidade de vida, mas também por outros pacientes acometidos de doenças crónicas e que se encontrem em convalescença. A transição de saúde está relacionada com a expectativa de vida dos pacientes, juntamente com hábitos alimentares e atividades físicas e recreativas que permitam assim, manter a saúde física e mental em estabilidade, permitindo o sucesso da recuperação.

Treino – Ação formativa na qual a componente prática ocupa uma grande parte do programa da atividade, visa o desenvolvimento de competências técnicas, físicas ou cognitivas dos formandos. É muito utilizado na reciclagem e atualização de ativos, mas também na requalificação de desempregados.

Triagem – Método seletivo de admissão de um cliente (utente) tendo em contra critérios específicos, que variam consoante a natureza do serviço, entre os critérios mais comuns está a prioridade, no serviço social a triagem inicia-se, grosso modo, pela entrevista social, somando-se uma análise dos dados referentes aos rendimentos e condições de vida do individuo ou do seu agregado e por fim, a análise do contexto, podendo esta ser avaliada por visita domiciliar; assim permite averiguar quais utentes têm maior ou menor urgência de ser assistidos, tal como os recursos a serem utilizados.

Triangulação – Método analítico de estudos científicos de caráter sociológico, utiliza uma análise simultânea de dados qualitativos, entrevistas e uma análise conjuntural, ou seja, faz-se de forma a ter em conta os aspetos conceptuais, reflexivos e práticos do estudo, a triangulação também pode ser aplicada na avaliação de programas sociais e no estudo de resultados da intervenção social.

LETRA U

Urbanização – Processo de transformação que uma dada área geográfica sofre, no sentido de perder as suas características rurais e adotando características urbanas do ordenamento geográfico de uma cidade.

Urbanização também pode se entendida, como a intervenção pública com vista à reabilitação de bairros degradados, terrenos baldios e bairros de lata, com vista à reintegração social e permitindo que haja a humanização da cidade como espaço comunitário, provendo equipamentos educativos, culturais, desportivos, comerciais, serviços de saúde, transportes públicos, segurança entre outros.

O urbanismo incide sobre o domínio da cultura, preservando-a através de monumentos e de mobiliário urbano, pelo que tem sido o urbanismo um dos fatores que mais auxiliam a reintegração social através dos chamados Bairros Populares, com construção, venda e aluguer a custos controlados, com contribuição de fundos do poder local.

Utente – > Ver: *Cliente*

União de Facto – Figura jurídica, que reconhece a plenitude de direitos à coabitação entre duas pessoas, de igual modo como se de um casamento se tratasse, desde que a união ocorra há mais de dois anos.

Unidade de Vida – É uma resposta social, promovida pela Segurança Social Portuguesa e o SNS a pacientes portadores de doenças psiquiátricas graves, no entanto, estáveis, quer sejam jovens ou adultos. Procura integrar o paciente numa atividade profissional, existindo em três vertentes

- Unidade de Vida Protegida, permitindo assim a autonomização do paciente. Em caso de não ser possível a integração numa atividade laboral, há a hipótese de um programa de reintegração psicossocial.
- Unidade de Vida Autónoma, para doentes estáveis e com maiores capacidades de reintegração
- Unidade de Vida Apoiada, para pessoas com doença mental crónica, sem autonomia, no entanto, sem intervenção psiquiátrica.[13]

Universalidade – Princípio utilizado pelas políticas sociais no que concerne à prestação de serviços, como por exemplo o acesso à saúde clinica e hospitalar, sendo garantido a todos os cidadãos sem exceção, sendo por isso mesmo um princípio de inclusão e de respeito pelos direitos humanos.

Utente – Todo o cidadão que se encontre em situação de necessidade, solicite e venha a usufruir de algum tipo de serviço ou apoio social.

---

[13] Guia Prático – Apoios Sociais a pessoas com doença do foro mental ou psiquiátrico, ISS, IP Lisboa.

LETRAS V, W, X

Valores – Os valores são estudados pela sociologia, filosofia, antropologia e psicologia, podem ser definidos como um conceito, no qual o individuo desde a sua socialização e educação familiar, vai paulatinamente construir, aperfeiçoar e até mesmo alterar ao longo da vida.

Os valores variam de acordo com a sociedade, a cultura e a época, contudo, numa mesma sociedade, num dado nível cultural e numa mesma época, é possível que as pessoas tenham valores totalmente diferentes uns dos outros, devido a que a base dos valores é também de cariz psicológico e está relacionada ao caráter e temperamento de cada um.

Variável – São características mensuráveis que podem existir ou não numa dada população, essas características podem ser etárias, de sexo, de atividade profissional, tendo ainda a possibilidade de serem dados quantitativos ou qualitativos. As variáveis são utilizadas em estatística no tratamento e processamento de dados referentes a um estudo cientifico.

Variável Qualitativa – São características ou dados baseados em informações de opinião, não mensuráveis e baseados em categorias.

Variável Quantitativa – Característica usadas em estudos sociais, referentes a quantidades numéricas, logo mensuráveis, com maior facilidade e de tratamento e processamento de dados de um estudo ou pesquisa científica.

Vínculo – O mesmo que laço social, o que estabelece entre os indivíduos a formação de grupos sociais ou famílias, embora mais especificamente no trabalho social; vínculo tem uma conotação de compromisso tácito e de contrato entre o interventor social e o cliente (utente) quer esse vínculo contratual seja escrito ou verbal.

Violência de género – Diferente de violência doméstica, a violência de género é todo o ato de violência verbal, física ou psicológica perpetrado contra pessoas do género oposto, é no entanto mais visível a pratica deste crime contra as mulheres.

Violência doméstica – Atos de violência praticada por um individuo contra um ou mais membros do seu agregado familiar, na maioria das vezes trata-se de violência física contra o cônjuge, sendo do sexo feminino a maioria das vítimas, há outras formas de violência doméstica, como a violência psicológica e a negligência ou o abandono, violência essa que atinge variadas vítimas de diferentes faixas etárias, como a violência infantil e a violência contra os idosos, esta últimas por vezes ocorre no lar onde as vítimas estão a viver em sistema de internato.

A violência doméstica é hoje crime público, pelo que as testemunhas têm o dever legal de denunciar esta prática criminosa, no entanto os dados referentes à violência doméstica são apenas a ponta de um Iceberg, na medida em que muitos casos de violência são vividos em silêncio, não sendo feitas quaisquer denúncias.

Visitas domiciliares – Atividade do trabalhador social, muito utilizada quando ocorrem denúncias ou alertas de situações de crise, ou como forma de complementar a entrevista social anteriormente feita, assim faculta a obtenção de mais dados referentes a aspetos socioeconómicos e geográficos do cliente ou do agregado familiar, serve também para prestar apoio e confirmar o compromisso de ambas as partes.

As visitas domiciliares, são feitas sempre que possível, e devem ter-se em conta critérios de respeito para com o agregado, no que concerne ao seu espaço, tempo e privacidade.

Voluntário – Individuo que exerce uma dada atividade profissional por sua inteira e livre iniciativa, de forma gratuita, cedendo o seu tempo livre e os seus conhecimentos, com responsabilidade e emprenho como forma de prestar apoio a pessoas ou instituições de solidariedade social.

O voluntariado social é hoje de suma importância para a cidadania ativa, hoje é largamente reconhecido e valorizado nas empresas, pois permite revelar as qualidades humanas e sociais de um indivíduo e valoriza assim, todo e qualquer profissional de diferentes ramos de atividade.

Vulnerabilidade social – Situação de grande fragilidade na qual um individuo ou agregado familiar se encontra, é causada por um evento inesperado e agravado pela inexistência de recursos materiais, na maioria dos casos sem uma rede social ou familiar de apoio, o que expõe os mesmos a maiores riscos e a sérias perdas e danos de ordem material, física e psíquica.

Os casos de vulnerabilidade social, que surgem no decorrer de um evento inesperado e trágico requerem uma ação imediata como a *Intervenção em Crise.*

Workshops – Ver *Atelier ocupacional.*

Xenofobia – Preconceito e aversão exercido contra pessoas de outras nacionalidades ou etnias. A xenofobia muitas vezes está ligada a ideologias nacionalistas e a grupos antissemitas de extrema-direita (neonazis) na Europa e América do Norte, que se exibem pela pratica de atos de vandalismo e agressões físicas contra minorias étnicas e religiosas.

Siglas

De A a Z

ACIME – Alto Comissariado para a Imigração e as Minorias Étnicas;
ACNUR – Alto Comissariado das Nações Unidas para os Refugiados;
ADI – Apoio Domiciliário Integrado;
ADSE – Direção Geral de Proteção Social aos Funcionários e Agentes da Administração Pública
AIESS – Associação Internacional das Escolas de Serviço Social;
AMI - Assistência Médica Internacional;
APSS - Associação dos Profissionais de Serviço Social;
AUGI – Áreas Urbanas de Génese Ilegal;
AVD – Atividades da Vida Diária;
AIVD – Atividades Instrumentais da Vida Diária;
APSS – Associação dos Profissionais do Serviço Social;
BA - Banco Alimentar Contra a Fome;
CAO – Centro de Atividades Ocupacionais;
CASA - Centro de Apoio aos Sem Abrigo;
CESIS – Centro de Estudos para a Intervenção Social;
CGA – Caixa Geral de Aposentações;
CLAI – Centro Local de Apoio ao Imigrante;
CLAS – Conselho Local de Ação Social;
CNP – Centro Nacional de Pensões;
CPCJ - Comissão de Proteção de Crianças e Jovens;
CSI – Complemento Solidário para Idosos;
CVP – Cruz Vermelha Portuguesa;
DUDH – Declaração Universal dos Direitos Humanos;

EAPN – Rede Europeia Anti Pobreza
EP - Estabelecimento Prisional;
FIAS - Federação Internacional dos Assistentes Sociais;
FSE – Fundo Social Europeu;
HCC – Habitação a Custos Controlados;
IAS – Indexante de Apoios Sociais;
IDH – Índice de Desenvolvimento Humano;
IEFP – Instituto do Emprego e Formação Profissional;
INE – Instituto Nacional de Estatísticas;
INEM – Instituto Nacional de Emergência Médica;
IPSS's – Instituições Particulares de Solidariedade Social;
ISCSP - Instituto Superior de Ciências Sociais e Políticas;
ISS – Instituto da Segurança Social;
ISSSL – Instituto Superior de Serviço Social de Lisboa;
LSJ - Licenças de Saída Jurisdicionais;
MSSS – Ministério da Solidariedade e da Segurança Social;
NEE – Necessidades Educativas Especiais;
NISS – Número de Identificação da Segurança Social;
OIT – Organização Internacional do Trabalho;
OMS – Organização Mundial da Saúde;
ONG – Organização Não Governamental;
PARES - Programa de Alargamento da Rede de Equipamentos Sociais;
PCAAC - Programa Comunitário de Ajuda Alimentar a   Carenciados;
PEA – Programa de Emergência Alimentar;
PES – Programa de Emergência Social;
PNM – Programa Nacional de Microcrédito;
PNUD – Programa das Nações Unidas para o Desenvolvimento;
POPH – Programa Operacional Potencial Humano;
PTFC – Prestação de Trabalho em Favor da Comunidade;
QREN – Quadro de Referência de Estratégia Nacional;
RSES – Rede de Serviços e Equipamentos;
RNCCI – Rede Nacional de Cuidados Continuados Integrados;
RSCS – Rede Solidária das Cantinas Sociais;
RMG – Rendimento Mínimo Garantido – Atual RSI

RSI – Rendimento Social de Inserção;
SAD – Serviço de Apoio Domiciliário;
SPSS – Statistical Package for the Social Sciences;
SCML – Santa Casa da Misericórdia de Lisboa;
SD – Subsídio de Desemprego;
SNS – Serviço Nacional de Saúde;
UC – Unidade de Convalescença;
UCCI – Unidade de Cuidados Continuados Integrados;
UCP – Unidades de Cuidados Paliativos;
ULDM – Unidades de Longa Duração e Manutenção
UMDR – Unidades de Média Duração e Reabilitação
UNESCO – Organização das Nações Unidas, para a Educação, Ciência e Cultura;
UNICE – Fundo das Nações Unidas para a Infância;

Índice Remissivo de A a Z

Bibliografia utilizada

ACKOFF, Russel L (1975), "Planeamento de pesquisa social", São Paulo, EPU – Editora Pedagógica Universitária.

BOUDON, Raymonde (1990), "Dicionário de Sociologia", Lisboa, Dom Quixote.

Dicionário de termos técnicos da assistência social. (2007) Secretaria Municipal Adjunta de Assistência Social de Belo Horizonte. 132 p. Belo Horizonte: ASCOM

Guia Prático – Abono de família para crianças e jovens (2015) Instituto de Segurança Social, I.P (ISS.

GIDDENS, Anthony (2007), "Sociologia", Lisboa, Fundação Calouste Gulbenkian

MAIA, Rui Leandro - cord (2002), "Dicionário de Sociologia", *Coleção Dicionários Temáticos.* Porto, Porto Editora.

NÚNCIO, Maria J. Silveira (2010), "Teoria do trabalho social moderno", *Coleção Serviço Social.* Coimbra, Quarteto Editora.

PAYNE, Malcolm (1997), "Teoria do trabalho social moderno", *Coleção Serviço Social.* Coimbra, Quarteto Editora.

PITÉ, Jorge (1997), "Dicionário Breve de Sociologia", Lisboa, Editorial Estampa.

ROBERTIS, Cristina de (2011) **Metodologia da Intervenção em Trabalho Social**, Coleção Educação e Trabalho Social, Porto, Porto Editora.

RODRIGUES, Fernanda (2003) **Ação Social na área da exclusão social,** Lisboa, Edições Universidade Aberta.

Sobre o autor

Filipe de Freitas Leal nasceu em Lisboa em 1964, viveu no Brasil de 1976 a 1992, ano em que regressou a Portugal, onde veio a concluir os estudos como autodidata, apesar da paixão pela sociologia e a política, no entanto e já tarde, veio a formar-se em Serviço Social pelo Instituto Superior de Ciências Sociais e Políticas (ISCSP) da Universidade de Lisboa, tendo exercido o estágio e desenvolvido o seu trabalho de intervenção social, na Associação "*O Companheiro*", fundada pelo Padre Dâmaso, Instituição sem fins lucrativos vocacionada para a reinserção de ex-reclusos e também no apoio a famílias em situação de vulnerabilidade social, tendo trabalhado nas valências de Cantina Social e Banco Alimentar.

É blogger desde 2007, fundou o "Etcetera – O Blog Humanista", voltado para as questões sociais, no debate de ideias, no qual, para além de escrever artigos sobre Direitos Humanos, solidariedade social, cultura entre outros, também é autor de outros dois blogs que se destinam ao apoio no estudo autodidático e temas filosófico-teológicos.

Aos 50 anos publicou os seus primeiros livros, como autor independente, primeiramente com "*Páginas soltas ao vento*" em 2015, coletânea de poemas e pensamentos que haviam já sido publicados no blog, no mesmo ano publicou o seu trabalho de conclusão de curso "*A Reinserção Social de Cariz Humanista*" - sob a orientação do Professor Doutor Jorge Rio Cardoso - ainda no mesmo ano "*Etcetera – oito anos blogger*" quando o blog completara oito anos, seguido de "*Textos e Perspetivas do Serviço Social*" e em 2016 com o "*Vocabulário Básico de Serviço Social*", para além do presente livro, há outros projetos e títulos.

Outros Títulos do Autor

COLEÇÃO de LIVROS

Etcetera

O BLOG HUMANISTA ● ● ●

1 - Páginas Soltas ao Vento

2 -A Reinserção Social de Cariz Humanista

3 -Etcetera – Oito anos blogger

4 - Textos e Perspetivas do Serviço Social

5 - Vocabulário Básico do Serviço Social

6 - Ciência Política em 50 lições